CHONGTUFA LILUN DE
FANSHI YANJIU

阎愚◎著

冲突法理论的
范式研究

人民出版社

目　录

导　言

　　这本书的主要研究工作就是力图运用美国科学哲学家库恩的"范式"理论重新梳理和分析冲突法理论的历史发展过程。具体而言，一方面确认、阐释和评价冲突法理论在其历史发展中已经形成的那些基本范式，并在这个意义上辨析各种思想或思潮的理论归属；另一方面依据冲突法范式发展的内在逻辑及其所面临的问题，推测冲突法理论范式的基本发展趋势。

　　就梳理和评述冲突法理论的历史发展过程而言，前人和同代人已经做出了大量卓有成效的工作，但是，这项工作始终有必要持续地做下去。正如德国著名哲学家黑格尔所说，历史之于现实并没有真正消失，所消失的只是直接性。也就是说，现实之为现实，就因为它是全部历史发展的结果。这对于理解冲突法历史与现实来说似乎更为重要。就如同当今国内外所有研究冲突法理论的学者那样，但凡要阐释新的冲突法观念，总是要或简或繁地追踪其历史线索。这样做绝不是多余的，任何新的东西如果没有凝聚历史的积极因素于自身，那就必然是一种虚浮不实且缺乏根基的东西，这种东西也许能炫人耳目一时，但终究没有多少可保留的价值。因此，问题不在于我们是不是有必要看似重复性地做前人或同代人已经做过的工作，而在于我们能不能为冲突法的历史重述增添新的东西，也就是能否为其确立新的视角、思路和方法，以便为这种历史重述提供更富有解释力的方案。本书之所以选择库恩的范式理论作为冲突法历史重述的工具，就是出于这样一个目的。

　　库恩的"范式"理论的优势在于从整体上把握科学理论的结构性特征，并以此为基础阐释科学发展或科学革命的内在机制。尽管库恩本人主要是从自然科学的角度提出这一理论模型，但是人们很快就发现，"范式"理论的原则阐述几乎可以被运用于任何一种学科理论。"范式"理论对科学理论的结构性剖析、对"科学共同体"的确认和对科学革命的原因和过程的描述，无不启发各个学科的学者们重新反思各自学科理论发展的整体特征和动态过程。这就使范式理论迅速地延伸到各个学科领域，也使"范式"这个概念在学术理论界成为少数最为时尚的概念之一。这里当然也包含着对范式概念乃至范式理论的混乱不堪的理解，但这也表明，范式理论有足够的开放性，使每一个密切关注理论进步的学者为之动心。笔者通过对库恩范式理论的细致研究，同样确信这个范式理论对于研究分析冲突法理论，描述它的历史发展过程，特别是确认其间所发生的理论革命，具有很好的适用性。本书力图能够令人信服地证明这一点。

一、法经济学范式在冲突法中的困境

把范式理论引入法学研究，并不是现在才开始的。笔者最初思考用库恩的范式理论来理解冲突法的历史和理论，也是受"法经济学范式"的启发。

早在几十年前，也就是在库恩提出的范式理论问世不久，有关法经济学理论的探讨，就已经涉及"法经济学范式"的问题。20世纪60年代，英国经济学家罗纳德·科斯就继承了康芒斯的制度经济学理论，提出了法律经济学的概念，并在1961年发表的《社会成本问题》一文中，揭示了法律制度对于资源配置的重要性，提醒经济学家注意分析和研究法律制度的重要性。他因此而成为法经济学的创始人。不过，在他那里，法经济学还仅仅是对法律的经济分析，并没有构成具有独特方法论意义的法经济学范式。美国法经济学家麦乐怡就曾试图突破法律经济学研究中"法律的经济分析"这种狭窄的研究框架，将更多具有意识形态内容的研究纳入到法律经济学的研究领域，认为法经济学研究不仅应涉及保守主义法学、批判主义法学、自由主义法学、古典自由主义法学、自由意志法学，还应该包括新马克思主义及左派共产主义关于法与经济学的理论，由此发展出一种"新的思索法学和经济学的方法"，而且他特别强调："在法与经济学的比较研究中，经济哲学应是人们批判性分析法律、政治、社会的重心，分析应集中在特定政治环境中法与经济的关系，这种研究方法注重评估法律制度是如何与经济哲学有内在联系的。"① 在他看来，将"法经济学"仅视为方法论就会导致研究层次的自我局限，唯有将其视为一个包含意识形态在内的——上至价值观，中至规则，下至方法——整体才能充分发挥这一新兴学科的无限魅力。他之所以有这样的主张，就是因为他意识到，法经济学这一新兴的学科应当从经济分析方法这个层面拓展开来，而不仅仅是用一些经济学的基本方法如成本收益、边际分析、效用理论和一定程度的数学模型等将法学武装起来——由此只是为人文社会科学领域中的法学披上一层包含严谨的数学推导的科学外衣，而是要站在更高的层次上把对具体的法律的形成、作用及运行效果的分析与有关法律的整体运行模式对经济系统带来的影响的关注结合起来。这种观念，实际上就是力图为法经济学研究建立起一个视野更为宽阔的理论范式。

在我国，近些年来，许多学者已经意识到我国法经济学发展的不足之处，开始站在范式的层面对这一交叉学科本身进行冷静的重新建构。这一进程的开端应该是魏建教授 2001 年的博士论文《当代西方法经济学的分析范式研究》。该篇论文不但完整地介绍了库恩的范式理论，并且详细地将范式理论与法经济学进行了融合，得出如下结论："当代西方法经济学的分析范式分别概括如下：理性选择理论构成了法经济学的形而上学范式、科斯定理构成了法经济学的社会学范式、谈判理论构成了法经济学的构造范式。三者共同形成了主流法经济学。随着法经济学的进一步发展，一方面，在逐渐形成新的构造范式如博弈范式；另一方面，作为法经济学理论基础的理性选择理论也受到了越来越多的注意，初露端倪的行为法经济学代表了这个方向。"② 该篇论文一出，如同在静水中扔下一块石头，激起了不断向四周扩展的波澜，使范式理论在法学界受到广泛的重视。到 2004 年，另一位学者冯玉军博士的论文《法经济学范式的知识基础研究》再一次用范式的理论重新梳理了法经济学，并从范式的角度定义法经济学"既非单一的经济学方法，也非单一的法学方法，不仅是一种新颖独特的方法模式，而且是一种价值、一种能够给人类活动赋予意义的合理的精神基础"③。

① ［美］罗宾・保罗・麦乐怡：《法与经济学》，孙潮译，浙江人民出版社 1999 年版，第 6 页。

② 参见魏建：《当代西方法经济学的分析范式研究》，博士学位论文，西北大学，2001 年，第 229 页。

③ 冯玉军：《法经济学范式的知识基础研究》，《中国人民大学学报》2005 年第 4 期。

在冲突法领域，"法经济学"研究也是起步于 20 世纪 60 年代。1963 年，巴克斯特（William F. Baxter）于《斯坦福法律评论》上发表了《冲突法与联邦体制》[①]一文。文中分析了冲突案件中州与州的成本与利益，并假定了州与州之间法律适用上的博弈过程，提出了"比较损害说"（Comparative Impairment Theory）：当出现真实冲突的情况时，应衡量两州内部政策目标受损害的程度，适用损害较大那一州的法律。巴克斯特的这个理论后来得到了波斯纳教授的高度评价，认为"巴克斯特于 1963 年运用非正式的经济方法对冲突法进行了分析，这无疑是人类历史上首次尝试。"[②]1986 年，波斯纳在《法律的经济分析》（第 3 版）[③]中提出了"比较管理优势说"（Comparative Regulatory Advantage），他认为，任何一种程序法（包括冲突法）的经济目标均在于减少两个成本，即司法错误与司法系统交易成本，适当的冲突法规则应可以同时减少这两个成本。在跨州侵权案件中，所涉两州均具有财富分配利益（Distributive Interest），因而断定管理优势需权衡的因素不应是一州立法所蕴含的政策利益，而是比较两州的政策利益与某类案件的切合程度（Best Fit）[④]。

比较管理优势说一经提出，即备受关注。很多学者纷纷对其加以评论，甚至引入自己的理论框架。譬如，索里曼（Michael E. Solimine）1989 年所写的《冲突法的经济与实证分析》[⑤]一文，就借鉴了波斯纳的理论，根据实践现状，分析了传统的侵权行为的规则的经济基础。这篇文章也成为最早将经济分析与实证分析引入到冲突法的代表作。此外，特拉切曼（Joel P. Trachtman）运用经济学中的博弈分析和成本收益分析阐述了政府管辖资源配置理论。古兹曼（Andrew Guzman）则认为国家在冲突规则产生的激励下追求自我利益的同时可以实现全球福利的最大化，并认为冲突法实现效率

①   William F. Baxter, "Choice of Law and the Federal System", *16 Stan. L. Rev. 1*, 1963.

②   Richard A. Posner, "*Introduction to Baxter Symposium*", 51 Stan. L. Rev. 1007, 1999.

③   Richard A. Posner, *Economic Analysis of Law*, (5th ed.), N.Y., Aspen Law & Business, 1998.

④   孔令杰：《波斯纳的比较管理优势说——兼论冲突法与自由贸易》，《时代法学》2006 年第 4 期。

⑤   Michael E. Solimine, "*An Economic and Empirical Analysis of Choice of Law*", 24 Ga. L. Rev. 49, 1989.

的途径在于国家间的合作①。更值得一提的是，温考普（Michael J. Whincop）和凯斯（Mary Keyes）的著作《冲突法中的政策与实用主义》②。这本书运用主要的经济理论对合同、侵权、物权的法律适用以及管辖权和判决的承认与执行进行了分析，可以说是第一本冲突法经济分析的专著。波斯纳教授给予这本书极高的评价，他在前言中指出："（经济分析方法极少适用于冲突法领域），但这本著作遍及这种分析方法，作者成功地向我们展示了经济分析方法在冲突法领域适用的意料之外的丰硕成果。"③

相比之下，我国国际私法领域的法经济学研究虽可以说姗姗来迟，但也进入起步阶段。王国语博士在《承认外国法律效力的成本收益分析之批判——兼与〈冲突法的经济分析〉作者孔令杰商榷》④一文中分析了国家视角和个人视角下适用国内外法律的成本和收益，并指出并不是所有的经济分析方法都能够经过简单的移植便在国际私法领域大行其道。周琳的《对最密切联系原则的法经济学分析——兼评我国〈民法典〉草案第九编中关于最密切联系原则的规定》⑤一文则利用成本和激励原理对最密切联系原则的适用进行了分析。吕岩峰和朱莉的《国际私法与经济分析：综述与评析》⑥一文中分别从管辖权、法律适用、外国法院判决的承认与执行三方面分析了目前国际私法领域内较有影响的法经济学思想。朱莉博士还在博士学位论文《国际私法的经济分析》中进一步系统地将国际私法领域内的经济分析进行了梳理，并对统一实体规范和关于外国人民事地位的主要法律制度做出了有创造力的经济分析，指出通过成本收益分析，统一实体规范能够直接规定对应国际民商事关系当事人的权利和义务，因此可以节约权利交易成本；通过两次

---

① Andrew Guzman, "*Choice of Law: New Foundations*", 90 *Geo. L. J.* 883, 2002.

② Michael J. Whincop and Mary Keyes, *Policy and Pragmatism in the Conflict of Laws*, Ashgate Publishing Com., 2001.

③ See Michael J. Whincop and Mary Keyes, *Policy and Pragmatism in the Conflict of Laws*, Ashgate Publishing Com., 2001. p.（xiv）.

④ 参见王国语：《承认外国法律效力的成本收益分析之批判——兼与〈冲突法的经济分析〉作者孔令杰商榷》，《法制与社会》2008 年第 2 期。

⑤ 周琳：《对最密切联系原则的法经济学分析——兼评我国〈民法典〉草案第九编中关于最密切联系原则的规定》，《北京市政法管理干部学院学报》2004 年第 1 期。

⑥ 吕岩峰、朱莉：《国际私法与经济分析：综述与评析》，《社会科学战线》2007 年第 2 期。

博弈分析确认互惠原则、对等原则是各国在对待给予外国人民事法律地位问题上的最优策略，而歧视待遇会造成国际社会的社会福利损失①。特别值得一提的还有武汉大学的孔令杰博士对国际私法领域的法经济学研究问题进行的深入探讨。他的文章《波斯纳的比较管理优势说——兼论冲突法与自由贸易》②和《冲突法的经济分析》③等都是立足于国际私法领域所进行的法经济学分析。特别是《冲突法的经济分析》一文运用三种经济学方法——博弈论、成本收益理论、公共选择理论分析了应对私法冲突的进路，并从宏观和微观两个层面阐释了冲突法的经济功能。

然而，尽管出现了这些优秀的研究成果，但相较于法学的其他领域，特别是法经济学的传统研究领域——财产法和侵权法，冲突法的法经济学研究无论在数量上还是研究广度上都远远不足。尤其值得注意的是，当学者们力图对冲突法进行法经济学研究时，他们遇到的更为深层的问题更多是哲学问题，以至于即便进行法经济学的研究，也不情愿用"经济学"的方式为自己的研究定性。例如温考普和凯斯只愿意将他们的研究称为"实用主义的"，波斯纳对此颇为赞赏，称"作者将他们的分析方法定位为'实用主义'而非'经济分析'是非常合适的，这样，他们就没有将自己束缚在经济观点之中；他们的著作是折中的，可以妥善处理任何法律领域出现的问题，特别是经济分析方法极少适用的(冲突法)这一领域"④。之所以出现这样的情况，很可能是与冲突法的理论特质有关。法经济学的最成熟的理论和方法都是以内国法为基础的，并不涉及法律冲突问题。而冲突法则以法律冲突为基本内容。因此，当我们试图用法经济学的理论和方法去研究冲突法时，首先面临的是研究视角的整体转换，这个转换所涉及的问题往往超出了经济学方法所能达及的范围。为此已有学者提出并使用哲学中"范式"的概念。例如，王国语在其博士论文中《承认外国法律效力问题的经济学分析——国际私法经济分析

---

① 参见朱莉：《国际私法的经济分析》，博士学位论文，吉林大学，2007年。

② 孔令杰：《波斯纳的比较管理优势说——兼论冲突法与自由贸易》，《时代法学》2006年第4期。

③ 参见孔令杰：《冲突法的经济分析》，硕士学位论文，武汉大学，2005年。

④ See Michael J. Whincop and Mary Keyes, *Policy and Pragmatism in the Conflict of Laws*, Ashgate Publishing Com., 2001, p. xiv.

的综合范式》①首次引用了"范式"范畴，将国际私法中的经济分析模式理解为一种理论范式。徐伟功教授在论文《论冲突法的研究范式——法经济学范式的确立》②中也开始将范式理论引入冲突法的经济分析中来。可见，尽管法经济学研究在冲突法领域并非无事可做，但要确立适用于冲突法的法经济学范式，或者将一般意义上的法经济学范式应用到冲突法研究领域中，最为关键的一点就是要对冲突法理论的建构模式进行更深入的探讨。法经济学与冲突法理论结合过程中的"不适"恰是本书研究冲突法理论范式的起点。

二、冲突法的特殊性

冲突法理论的特殊性是显而易见的，即便那些接受了几个月冲突法学习的初学者都能对此讲出许多。例如从调整方法上看，冲突法有着独一无二的"间接调整方法"，即不直接规定当事人的权利义务，而是通过冲突规范指出适用哪个国家的法律以解决法律冲突。从法律内容来看，"公共秩序保留"等众多法律原则往往成为推导解决法律冲突的基本制度和规则的起点。从法律性质来看，始终无法明确地将冲突法归于国际法或国内法的范畴，争论双方的支持者各有各的理由，谁也没办法说服谁。此外还有一些特别之处，上至冲突法的立法原则，下至冲突法的法律语言体系，都使得冲突法成为众多法律部门中特殊性最为明显的一个。

冲突法的特殊性使我们不难联想到法经济学的艰难处境。因为作为交叉学科，构成法经济学理论基础的法学必然是更普遍意义上的法理学，是从众多法学部门各具特色的理论中抽象出来的共通之处，也是使众多部门法能够归于法学这一庞大领域的基本属性与共同特性，而法经济学正是从这个基础上展开进而扩展至对不同法学部门的研究中去的。唯有如此，法经济学才能顺利地应用于全部法学领域，而失去这个基础，法经济学就只会成为某个或某几个部门法的特殊分析方法。从这个意义上讲，离这个共通之处越远的法

①　参见王国语：《承认外国法律效力问题的经济学分析——国际私法经济分析的综合范式》，博士学位论文，吉林大学，2008 年。

②　徐伟功：《论冲突法的研究范式——法经济学范式的确立》，《河南师范大学学报》（哲学社会科学版）2007 年第 5 期。

学部门，其法经济学研究的开展就必然越艰难。如果这个说法可以成立，那么冲突法的法经济学研究也必然比其他法学部门更为艰难，或至少是不同于其他法学部门的，因为直观地看，冲突法距离法理上的共通之处最为遥远。

事实上，冲突法的特殊性也确实增加了对冲突法进行经济分析的困难。最明显的表现是，传统法经济学研究往往从确定的法律规范切入，无论是实体法还是程序法，都有较为明确的行为模式和具体的法律后果。冲突法则是以直接规范和间接规范相结合来调整平等主体之间的涉外民商事法律关系并解决涉外民商事法律冲突的法律部门，利用冲突规范，也就是利用"指引某一国际私法案件应适用什么地方法律"的法律规范来调整国际民商事关系的间接调整方法，这是国际私法不同于其他法律部门的一个重要特色。而冲突规范（这里特指双边冲突规范、重叠适用的冲突规范、选择适用的冲突规范等非单边冲突规范，因为诸如我国 1983 年颁布的《中华人民共和国中外合资经营企业法实施条例》第 15 条规定即"合营企业合同的订立、效力、解释及其争议的解决，均应适用中国的法律"这样的单边冲突规范，其确定性是有目共睹的）通过连结点并不直接指向具体的准据法，而是指向一国的整个法律体系，由此产生的权利义务的模糊往往使其风险和收益难以确定，经济分析也就无从入手。

此外，难以为冲突法进行国际法还是国内法的定性也对经济分析造成了很大的影响。毕竟国内法与国际法是截然不同的两种法律形式，甚至可以说"法律"这个概念本身对于国内法与国际法而言都是不同的，无论是法律的形成、运行模式还是作用效果都有着根本性的区别，这就意味着对于国内法与国际法的经济分析，理应采取不同的模式。从这个因素上讲，法经济学在面对冲突法时就显得尤为尴尬。

冲突法的种种特殊之处会为法经济学的研究带来各种在其他法学部门没有遇到过的难题。或许通过分析出所有冲突法不同于作为法经济学基础的法律共识的地方，再逐一分析出法经济学在遇到每个特殊点时会产生怎样的麻烦，能够帮助我们找到冲突法的经济分析步履维艰的原因，至少能够得出一个较为全面的研究结果。这也正是众多冲突法研究者不停努力着的事业，其中颇具成效的研究成果正是《冲突法中的政策与实用主义》一书，该书可以说首次全面地将冲突法各领域与法经济学结合在一起，展现了经济学在冲突法中应用的种种可能。但这样做仍然是有遗憾的，这种冲突法的经济分析结果仍是一种零散的成果的合集，用一个比较形象的比喻，这种研究使我们能够看到豹子身上的各个斑点，但却难以"窥一斑"而"见全豹"。

如果按照一部分法经济学先期的研究者的期许，将这一学科视为"运用经济理论分析法律的形成、框架和运作以及法律与法律制度所产生的经济影响"——而不仅仅是一种包含经济术语与数学模型的、与以往法学研究方法大不相同的方法——并将这种理念置于冲突法的经济分析中来的话，那就需要有一种更为宏观的眼光，不单单分析冲突法的具体理论（或者说，具体规则）具有怎样的经济含义，而是去探求冲突法之所以会成为如今这种状态，是否有某种规律性的因素在发生作用，如果存在这样的规律性因素，或许我们就可以通过对这些因素的认识对冲突法有一种整体性的把握，并对冲突法的发展趋势做出一定程度的预期。同时，也可以通过对这些因素的认识找到冲突法之所以形成如此多的特殊之处的原因，而这个原因本身应该更能体现冲突法的性质。从这个意义上讲，追寻冲突法发展过程中的规律性因素可能比从冲突法的种种外在表现入手更能找到冲突法的经济分析步履艰难的根源。

三、冲突法的理论特质

若想找到冲突法发展的这种规律性因素，无疑应当从冲突法的历史入手。在这里，有必要首先简略地谈一谈冲突法调整领域的特殊性。冲突法起作用的领域与作为内国法的传统民法领域殊属不同。传统民法领域所包含的所有法律关系与一个民族国家历史形成的习俗、习惯、道德、社会制度、宗教信仰等诸方面传统因素有着千丝万缕的联系，无论对其进行经济学的分析还是进行文化诠释，都可以直接或间接地在传统的体系中获得某种价值合理性的支持。而当传统民法领域所包含的法律关系一旦遇到涉外因素，就立刻进入冲突法的调整范围。这里所遇到的则是不同的文化传统、不同的习俗、道德、社会制度乃至宗教信仰等诸方面传统因素的差异，其价值合理性必然受到这种差异性的挑战。这就是说，在法律冲突的背后隐藏着不同民族国家之间在传统因素和社会制度方面所存在着的或大或小的裂隙，这不是单纯的经济分析所能够弥合的。如果承认法律会为整个经济系统带来影响，那么冲突法的涉外属性就使这种影响跨出国门，换言之，冲突法对经济系统的影响需要以超越民族国家的世界视野才能看得清楚。

此外，我们还可以从冲突法的历史和理论的特点中看到冲突法本身的独特性。在大学教育中，我们可以看到，冲突法教程有别于其他部门法教学的一个显著特点就是，几乎所有的冲突法基础教程都含有对冲突法历史的大篇幅的介绍，而且将之置于十分重要的地位。而在诸如刑法、民法、行政法等部门法的教科书中，有关这些部门法的历史，不是简单地一带而过（例如以编年表的方式罗列出几次立法的变动和年限），就是几乎根本不予介绍。学习刑法不必从五服、大辟、具五刑开始，民法也无须知道傅别曾如何规定。事实上，这些部门法学的教科书都认为即使抛弃对历史的了解，也不会影响学生对现有知识的掌握，因为凡是历史中那些对现在有意义的、有用的、符合社会发展规律的理论知识都已经以各种可能的方式被现存的理论所继承，而未被继承的那一部分之所以会成为"历史"，正是在理论发展的优胜劣汰中被证明不适用因而抛弃了。而冲突法则不同，冲突法教材中的历史描述同时就是对冲突理论的阐释，是对冲突法整个理论发展变迁的概括，而不是对冲突法立法过程的罗列。在冲突法教程中之所以一定要把冲突法理论的历史发展讲授给初学者，这既不是因为冲突法历史过于悠久，其中有许多值得记录和学习的事件，也不是因为冲突法本身不够成熟，因而只能用历史描述来充塞，而是因为冲突法理论的历史发展就是冲突法本身不可缺少的组成部分。冲突法中的任何理论原则、法律规范都是在一定的历史境遇中形成的，而且每一个新的原则和规范都与以往的原则和规范保持着历史的联系。甚至可以这样说，离开了冲突法理论的历史发展，就失去了冲突法理论本身。这一点充分显示出冲突法的理论特质。既可以说冲突法的特殊性质决定了其与众不同的历史发展模式，又可以说冲突法历史发展的独特之处正是冲突法特质的外在表现。

冲突法的理论特质，特别明显地表现为两个方面：其一，理论学说在冲突法历史发展中具有非常独特的地位；其二，冲突法的理论发展过程中出现了比其他学科更为明显的革命性变革。

首先看第一个方面的特征。如我们通常看到的那样，在阐述冲突法的历史时，学说史与立法史总是被结合起来进行概括，甚至在很多情况下，学说史的重要性都要高于立法史。这个特征很容易为法学学者注意到。因为对于像法学这样一门实践性极强的学科，立法的司法实践意义远比某种理论学说更重要。理论学说通常是指学者或研究者通过自己的著作表达出来的自成体系的理论、观点或主张，对理论学说的定位一般是论证法律原则的补充，而且还需要该理论学说具有相当的权威性。例如《国际法院规约》第38条第1款卯项明确规定，法院可适用"各国权威最高之公法学家的学说，作为确定法律原则的补充资料"。从一般意义上讲，理论学说并无法律约束力，并非法律渊源的组成部分。但在冲突法中，理论学说却很可能直接构成法律的渊源。

一般说来，国内法是与一个民族国家在其漫长的历史发展过程中形成的习俗、习惯、道德、信仰等传统因素密切相关，国民对法律的合理性的认同，包含着诸多难以在理论上厘清的历史积淀性因素。换言之，国内法的合理性，固然需要从理论上加以论证，但法律的渊源并不尽在理论中。冲突法则不然，由于冲突法必然涉及不同民族国家之间的传统差异，因而不能直接从传统因素中生成法律原则和法律规范，也不能从传统因素中找到合理性的论证，它必须首先在理论上确定法律的基本原则，也就是说必须从理论上确定法律的合理性，然后才能由此确立具体的法律规范。这样，对于冲突法来说，理论必然是先行的。

与之密切相关，由于冲突法必须理论先行，因而一部冲突法史就呈现为一部理论学说史。14世纪，意大利法学家巴托鲁斯提出"法则区别说"，以法则的区分为基础指出外国法得以适用的条件，由此开创了国际私法的先河。以后，杜摩兰和达让特莱在法则区别说的基础上，分别扩大了人法和物法的适用范围，提出了属人主义路线和属地主义路线。继而荷兰学者胡伯又以"国际礼让说"改造了属地主义，意大利学者孟西尼则继承发扬了属人主义，以"国籍原则"为核心开创了以国籍作为论证本国法根据的理论。到了19世纪末，戴西的"既得权说"在英国的冲突法中占据主导。他的理论得到了美国学者比尔的支持，并被作为理论基础写入1934年美国的第一部《冲突法重述》中。在19世纪，与孟西尼同时期的斯托雷和萨维尼则抛弃了法则区别说区分法则的方式，开始根据法律关系的性质来分析法律适用问题。这一思想在萨维尼的"法律关系本座说"中得到了更为系统、更为完整的体现。"法律关系本座说"突破了欧洲存在数百年的法则区别说传统，在整个国际私法学界乃至各国国际私法立法和司法实践中都产生了广泛的影响。20世纪以后，英美法系尤其是美国成为冲突法理论发展的主要推动者。特别是到20世纪30年代，美国国际私法界出现了众多影响深远的学说，如库克的"本地法说"、卡弗斯的"规则选择说"或"结果选择说"、柯里的"政府利益分析说"、艾伦茨威格的"法院地法说"、利弗拉尔的"较好法律说"以及里斯的"最密切联系说"等。这些新学说的出现，不仅动摇了20世纪初形成的传统法律选择理论的基础，而且唤起了学者们对法律选择理论进行反思与重构的意识。

冲突法理论的另一个特质在于冲突法历史发展经历了若干次特征明显的"革命性"变革。这种所谓"革命性"变革并非少数人的夸大其词，而是学界一种相当普遍、几乎无人反驳的共同认知。例如，西方学者将萨维尼理论对近现代国际私法的贡献称为国际私法上的"哥白尼革命"①。而美国20世纪30年代冲突法的大发展则直接被打上"美国冲突法革命"的标签。这意味着理论界公认冲突法的发展过程中出现过几次足以变革传统的理论，这些理论的出现所带来的影响造成了整个冲突法理论界学术传统的重构。如果这种法学理论革命出现在一国之中并不奇怪，新中国成立之后法律体系的重建工作也随之展开，国内法作为国家意志的体现自然要随着政权的更替和统治阶级的变化而改变。但冲突法本身并非立足于一国，各国的政治经济发展情况也不一致，却仍能在整个法学领域取得一致性的理论更替，这个原因更有必要从理论中去寻找。

四、引入库恩的"科学革命"说

冲突法理论的历史发展表明，冲突法最重要的理论内容、内在逻辑以及独具特色的表现形式都是通过各种理论学说展现出来的，不对这些学说加以理解和研究，就无法领会冲突法自成一统的发展模式。而这种独特发展模式最为明显的特质就在于数次学术传统的重建，也就是冲突法理论的革命。因

---

① See Otto Kahn-Freund, *General Problems of Private International Law*, Leyden: Stijthoff Publisher, 1976, p.98.

此，研究冲突法理论的问题就在于，我们应当怎样理解冲突法理论在其历史发展中所经历的这些革命性变革。它们为什么是革命性变革？这个变革过程有没有某种规律性的东西？从这种变革中，我们能够获得哪些重要的启示？这是本书所要探讨的主要问题。在此之前，我们有必要从美国著名的科学哲学家库恩提出的"科学革命"的角度来理解"革命"的一般含义。

库恩在《科学革命的结构》一书的第 9 章论证了这样一个问题：革命本来是一个政治上的概念，"面对政治发展和科学发展之间的众多根本不同之处，有什么类似的特征能表明两者的历程中具有可称之为革命的事件发生呢？"① 库恩自己的解答是："政治革命通常是由于政治共同体中某一些人逐渐感到现存制度已无法有效应付当时环境中的问题而引发的，这些制度也构成当时环境的一部分。同样，科学革命也起源于科学共同体中某一小部分人逐渐感觉到：他们无法利用现有范式有效地探究自然界的某一方面，而以前范式在这方面的研究中是起引导作用的。"② 也就是说，科学革命的本质就是"范式革命"，即某学科的研究者（科学共同体）逐渐认为他们所学习、领会和运用的理论范式并不足以解决学科研究中面临的所有问题，这些理论范式对于学科引导作用逐渐地"失灵了"。当然，仅仅是理论范式的"失灵"尚不足以称之为革命，正如政治生活中可以通过比革命更为柔和的"改良"来解决出现的危机一样，科学理论研究中也可以通过对现存理论的不断"改进"，使这套理论能够探究改进前未能探究的领域，继续其对实践的引导作用。换言之，理论"失灵"是不足以称之为"革命"的，这只是导致革命的"先决条件"③。因此，库恩继续指出："政治革命的目的，是要以现有政治制度本身所不允许的方式，来改变现有政治制度。因此革命的成功必然有部分废除一套制度而代之以另一套制度……起初只是危机削弱着政治制度的功能，正如科学危机动摇了范式的支配地位一样。日益增多的个人开始树立政治生活

① ［美］托马斯·库恩：《科学革命的结构》，金吾伦、胡新和译，北京大学出版社 2003 年版，第 85 页。
② ［美］托马斯·库恩：《科学革命的结构》，金吾伦、胡新和译，北京大学出版社 2003 年版，第 85 页。
③ ［美］托马斯·库恩：《科学革命的结构》，金吾伦、胡新和译，北京大学出版社 2003 年版，第 85 页。

并逐渐偏离常规。随着危机深化，其中许多人就会献身于具体的改革行动，以期变换制度，重建社会。这时，社会不免分化为互相竞争的阵营或党派，有的主张维持旧制度，更多的寻求建立新制度。而一旦这种极化现象出现，政治解决危机的方案则必然失败。"①

如此看来，科学发展中的革命，如同政治革命一样，是因为研究者认为仅通过改进现有理论已不足以解决出现的问题，而必须用新的理论范式代替现有的理论引导实践。这意味着在学科发展过程中出现的"危机"迫使研究者"废除"了原先占据领导地位的理论。唯有出现这种新理论取代旧理论的事件，才能配之以"革命"的美称。由此看来，当冲突法的学者们使用"革命"这个定位时，是否真的认为诸如萨维尼的"法律关系本座说"以及"美国冲突法革命"这样的界定就具有等同于政治革命中推翻旧制度的"颠覆性"作用，这是我们理解冲突法历史的关键。

冲突法理论的几次革命性事件在历史发展过程中最为耀眼，无论是研究冲突法发展的历史阶段，还是探究冲突法理论变迁的模式，或者如前所讲寻找冲突法发展中的规律性因素，都离不开对这几次革命的理解。而这些革命又都是伴随着各个久负盛名的学说出现的。似乎只有将对学说的理解纳入对革命的探讨中去，将对革命的探讨放进整个冲突法历史发展的洪流中，我们才能把握"由众多学说构成的、经历了数次革命的"冲突法的历史发展过程，也才有可能从冲突法的历史发展中找到为何这一部门法如此特殊的原因。而首先，我们需要对冲突法的历史进行重新认识，需要通过某种方法，让由各种历史证据堆积而成的历史过程自己展现出内在的发展规律。这个关键性的方法，本书选择的正是库恩的范式理论。

五、本书的思路和主要观点

将库恩的范式理论引入冲突法研究领域，是一个新的尝试。本书的基本思路和主要观点如下。

① ［美］托马斯·库恩：《科学革命的结构》，金吾伦、胡新和译，北京大学出版社2003年版，第86页。

首先在导言中概述法经济学范式在法学研究领域中的发展情况及其在冲突法领域中步履维艰的困境。从研究冲突法的特殊性入手，分析了冲突法的理论特质：对理论学说的倚重及理论发展过程中明显的革命性变革，由此论证在冲突法领域引入库恩的范式理论作为研究基点和方法论的必要性。

导言以下的正文部分分为五章。第一章是对范式理论及其在冲突法领域中的应用作出总括性的分析。范式理论本是由库恩提出的科技哲学领域的理论，但其原则性的阐述对于社会科学的各个学科领域有着广泛的适用性。该章首先介绍了库恩创建范式理论的背景和该理论作为全新的科学发展观所具有的理论特征，进而分别从范式概念、科学共同体范畴和科学革命三个方面系统地分析了范式理论的主要内容，并相应地提出并阐释了"冲突法范式"、"冲突法领域中的法学共同体"和"冲突法革命"三个基本范畴及其所包含的基本内容，指出冲突法范式以理论学说为表现形式，以冲突法学者和法律执业者构成的法学共同体为冲突法范式的载体，并指出冲突法的历史发展同样经历了从"前范式时期"到"常规科学时期"再到"科学革命时期"的过程。其中特别分析了冲突法"理论危机"和"理论革命"的一般特征及其判断标准。

第二章是对冲突法第一个理论范式——"法则区别说"的重新探讨。首先探讨冲突法前范式时期的法律实践和冲突法思想萌芽，指出"法则区别说"得以出现的理论积累和历史必然性。进而重点探讨了"法则区别说"的理论构成及其思想倾向，指出该学说本质上是站在民族国家（或城市共和国）的立场上寻找涉外纠纷的法律解决机制，因而在实质上是特殊主义的冲突法范式，但由于它在法则区分的基础上要求平等地看待各国的法律，因而它又带有普遍主义的形式。正是由于这一特殊主义实质，该范式在以后几个世纪的发展中，逐渐走向比较极端的特殊主义——国家主义，这主要表现在达让特莱、杜摩兰以及胡伯等人的学说中。这些学说总体上属于"法则区别说"范式，但使其特殊主义倾向更加公开直白。

第三章主要阐释冲突法第二个理论范式——"法律关系本座说"范式。首先从 18 世纪以来国际社会发展的背景出发，分析"法则区别说"的内在缺陷和冲突法第一次范式危机的社会根源和基本特征，指出法则区别说范式陷入危机的主要原因是它的特殊主义倾向无法适应资本主义世界市场的形成所带来的民商事交往的普遍化和全球化趋势。进而指出萨维尼的"法律关系本座说"改变了传统冲突法范式的问题域，在规则体系、价值追求和形而上学层面实现了对巴托鲁斯范式的变革。特别是指出，萨维尼范式自觉地以"国际社会"为立脚点平等地看待各国的法律地位，希求建立统一的冲突法规范，追求司法判决的一致性、确定性和可预见性，因而它是实质意义上的普遍主义——国际主义，克服了以往法则区别说范式的特殊主义倾向，并对欧洲国家法学共同体产生了深刻影响。

第四章首先对 20 世纪美国"冲突法革命"过程中涌现出来的各种理论进行梳理和分析，揭示萨维尼范式在新的国际社会背景下如何陷入危机并遭遇特殊主义的挑战。该章指出，比尔的既得权理论和《第一次冲突法重述》在理论上具有向"法则区别说"范式回归的倾向，而柯里的"政府利益分析说"深刻地揭示了萨维尼范式的缺陷，但同时也把冲突法推向极端的特殊主义——国家主义甚至地方主义。片面的、理想化的普遍主义和片面的、极端化的特殊主义都不能为冲突法的发展提供可靠的途径，"最密切联系原则"的提出则标志着以中心的冲突法范式正在形成，这一范式旨在克服普遍主义与特殊主义各自的片面性，而谋求二者的统一或衡平。本书将这个新的范式称为"衡平范式"。

第五章是对冲突法理论范式发展趋势的探讨。首先分析了"最密切联系原则"优势、缺陷和隐患，在此基础上初步探讨了冲突法范式的发展趋势，即谋求形式正义和实质正义的统一以及普遍主义和特殊主义的统一。通过对形式正义和实质正义的理论辨析，该章认为，冲突法的进一步发展应当是把形式正义的原则内化到对实质正义的追求中，通过建立完善的规则体系，规范法官对法律选择的灵活性和自由裁量权的运用，尽可能实现个案公正，同时又保证判决过程和结果的一致性、确定性和可预见性；通过对普遍主义和特殊主义的理论辨析，该章认为，冲突法必须保持普遍主义—国际主义的基本立场，同时也必须充分考虑各国的主权要求和政府利益，其中的关键是既要平等地看待各国法律的平等地位，还要平等地看待各国主权和政府利益，更要注重经济全球化背景下国际交往和国际秩序的共同利益。

结语部分是对本书研究内容的总结，并进一步探讨了范式理论对冲突法研究的意义。

　　把库恩的范式理论引入冲突法领域是研究冲突法理论的新的尝试。范式研究的意义不仅在于能够更中肯地评价曾经出现的各种理论，更合乎逻辑地确立理论间的关系，还在于该理论能够从整体上分析和研究冲突法理论与实践的结构性特征，为判断冲突法的发展趋势和发展路径提供更为科学的根据。然而笔者做出的研究是相当初步的，希望本书能够在这个方面起到抛砖引玉的作用。

第一章 库恩的范式理论及其
在冲突法中的应用

依据库恩的范式理论重述冲突法的理论及其发展模式，研究冲突法的理论特质并揭示冲突法理论可能的发展趋势，首先需要对范式理论有一个较为全面的理解。范式理论是什么？采用范式理论进行研究能达成怎样的研究目的？在研究过程中，范式理论又能提出怎样的方法论进行指导？对这些问题的理解不但是对范式理论本身的梳理，更是本书对冲突法范式进行理论论证的逻辑前提。

第一节 科学哲学家库恩和他的范式理论

"范式理论"是托马斯·库恩（Thomas Kuhn）在 1962 年出版的著作《科学革命的结构》（以下简称《结构》）一书中提出的核心理论。该理论以"范式"（Paradigm）的变迁为基本线索探究科学发展的内在逻辑。库恩自己在《结构》一书的开篇将这套理论称为"大异其趣的科学观"[1]，而在随后的几十年间他的范式理论也的确在学界掀起轩然大波。赞许者将范式理论扩展至

---

[1] ［美］托马斯·库恩：《科学革命的结构》，金吾伦、胡新和译，北京大学出版社 2003 年版，第 1 页。

哲学、社会学、历史学等诸多领域，不同学科的学者在不同的程度上运用范式理论来重新审视自身学科的发展，从而一度形成了"库恩热"，并使"范式"成为理论研究的流行语；批判者则给库恩有关范式的选择、不同范式间的"不可通约性"等论点打上相对主义与非理性主义的标签。但尽管褒贬不一，库恩的理论还是受到了学界少有的重视。学者们普遍承认范式理论是一项重大的理论创新，为理论研究打开了新的视角并提出了科学发展的新思路，从而导致了科学观上的一次深刻革命。在这种情况下，库恩本人也在吸收学界研究意见的基础上以更加理性和中肯的态度对范式理论进行完善，先后出版了《结构之后的道路》、《再论范式》等多部著作，一方面回应关于相对主义及针对不可通约性提出的抨击；一方面公开表示有很多赞许者实际上是误读了他的理论。然而，无论如何，研究者的热情都无疑充分地证明了库恩思想的理论意义和研究价值。那么，到底是怎样的理论引来了如此多的热情关注呢？

一、库恩生平及范式理论的提出

（一）库恩的学术经历

托马斯·库恩（1922—1996）是 20 世纪最后三十年最有影响的哲学家。他的著作《科学革命的结构》自 1962 年出版后，印数超过 100 万册，并被译为 20 余种文字。尽管他主要从事科学史的研究，但他的理论成就却远远超越了史学范围，打破了学科间的交流障碍，在当今学术界仍有广泛而深刻的影响。

1940 年库恩始进哈佛大学时选择的主修专业是物理，坚实的理科背景为他后来在研究自然科学发展模式的基础上抽象出范式理论打下了宽厚的基础，《结构》一书从始至终也都是用来自物理学、化学、天文学等自然科学领域的案例来佐证理论，这当然这也增加了人文社会科学领域学者理解范式理论的难度——或许这也是范式理论在这些领域的诸多理解和用法大相径庭的原因之一。就学期间，库恩也选修了一些历史方面的课程，但他公开表示自己"骨子里不是历史学家，对哲学更有兴趣"①，并决定在拿到物理学博士学位之后转入哲学领域的研究。

库恩在哈佛大学期间，校长科南特（James Bryant Conant）为了推行一个为非自然科学的学生开设的自然科学讲座，请库恩为这门课程准备力学史的案例。为了阐述力学渊源，库恩研究了亚里士多德的《物理学》，而正是这个研究启发了他后来创立范式理论。1991 年库恩退休时，《科学美国人》杂志在一篇库恩的专访文章中记述了他的这段思想转变的经历。文中写道："当他寻找可能是牛顿力学渊源的简单案例时，他翻开了亚里士多德的《物理学》，并为其中如此这般的'错误'感到诧异……库恩仔细探究了其中的奥秘……突然亚里士多德变得'有道理'起来。……库恩意识到亚里士多德关于诸如运动和质量这些基本概念的观念与牛顿的全然不同……按照他的理解，亚里士多德的物理学'并非坏的牛顿物理学'，库恩说，它们只是不同的物理学而已。"攻读亚里士多德力学理论的经历让他更多地倾向于科瓦雷的新编史学立场，主张用当时的概念说明当时的情况，"用它自己的术语分析旧的科学"②。这一思想后来也成为库恩范式理论的一条核心标准，是库恩的范式间"不可通约性"理论的渊源之一，即使在备受批判与争议之时，仍然是库恩始终坚持的理念。

1956 年伯克利加利福尼亚大学的哲学系和历史系共同提供给库恩一份教职。在这个时期，库恩将自己在研究亚里士多德力学理论时得到的感悟和见识加以系统的研究，最后成型为《科学革命的结构》一书，并于 1962 年正式出版。《结构》一书给库恩带来了巨大的声誉，也奠定了他的学术地位。之后相当长的一段时间，他又相继出版了一些著作来阐述《结构》中未能阐述清楚的理论，逐一将那些引起争议的观点和表述加以澄清和修正，使范式理论在更为理性和中肯的研究中走向成熟。

1964 年上半年，库恩离开了加州大学，接受了普林斯顿大学科学史和科学哲学的教授教职。在普林斯顿期间，他出版了被他称为"最好和最能代

---

① Thomas Kuhn, *The Road Since Structure, Philosophical Essays, 1970-1993, with an Autobiographical Interview*, Chicago and London: the University of Chicago Press, 2000, p.274.

② 何兵：《库恩后期科学哲学思想研究——语言转向及其认知根源》，博士学位论文，复旦大学，2006 年，第 22 页。

表我史学思想的著作"《黑体理论与量子不连续性：1894—1912》（1978 年出版）。此后，他的研究逐渐远离了初期的范式理论，转向了语言学的领域。20 世纪 90 年代，库恩在麻省理工学院的研究充分展示了他对语言学的兴趣，他"越来越倾向于强调，在刻画科学革命的特征和不可通约性时，分类词典（特别地）和语言学习过程（一般地）所扮演的角色"①，但他最终却未能完成这项研究，于 1996 年逝世于坎布里奇，终年 74 岁。

库恩范式理论的思想来源非常宽博，他在《结构》和《必要的张力》的前言中提到了这些思想来源，其中包括：科南特的历史编纂学；科瓦雷的新编史学思想；新康德主义；皮亚杰的发展心理学；格式塔心理学；弗莱克的科学社会学；沃尔夫的语言理论；维特根斯坦的后期哲学以及奎因的哲学等。这使他的理论融进了多种学科因素，理论视野十分宽阔。他的范式理论也包括他后期的语言学转向都吸引了大量的学者去研究和推广。然而，尴尬的是，尽管《结构》给他带来了巨大的学术声誉，但是它给人的印象却是混杂的。如富勒（Steve Fuller）所说，库恩的理论是"哲学家眼中的社会学，历史学家眼中的哲学，社会学家意义上的历史学"②。这种混杂的印象往往为执着于学科界限的学者们所嘲弄，但它却足以表明，库恩的范式理论跨越了学科的界限，影响到众多哲学或史学之外的领域。

（二）对归纳主义和证伪主义科学发展观的批判

在库恩的那个时代，存在着两种占主流地位的科学发展观，一种是归纳主义的科学发展观，一种是证伪主义的科学发展观。归纳主义的科学发展观认为科学知识是不断增加的、直线式发展的渐进积累过程，科学发展的每一阶段都在前一阶段的基础上进步。科学发展就是一个长期、缓慢而稳定的积累过程，在这个过程中，"事实、理论和方法在此过程中或单独或结合着而被

---

①　Gurol Irzik, Teo Griinberg, "*Whorfian Variations on Kantian Themes: Kuhn's Linguistic Turn, Study of History of Philosophy of Science*", Vol.29, No.2(1998), pp.207-221.转引自何兵：《库恩后期科学哲学思想研究——语言转向及其认知根源》，博士学位论文，复旦大学，2006 年，第 25 页。

②　Steve Fuller, *Thomas Kuhn: a philosophical history for our times*, Chicago: The University of Chicago Press, 200, p.32.

加进到构成科学技巧和知识的不断增长的堆栈之中"①。库恩首先批判了这种科学发展观。他认为发现一类新现象必定是一个复杂的事件,这个事件既包含着认识到那个东西,又包含着认识到那个东西是什么②。也就是说,"发现"是一个"观察与概念同化,事实与理论同化"③的过程。真正的"发现"并非仅仅是实验中获取到某种新的东西,而是要采用一种不同于以往学术传统的概念范畴对所发现的对象加以描述,而这个新的概念范畴的产生,必然暗含了对之前理论体系的反叛,这就是所谓"科学革命"。归纳主义的科学发展观最重要的缺陷就是忽视了这个理论反叛与概念重塑的过程,而把科学的发展归结为对之前学术成果的归纳或知识增加的过程,而"革命"这个真正导致科学发展的环节被有系统地遮蔽了。为此库恩批评说:"就是这种对问题和答案的表述的变化,而不是新奇的经验发现,才能解释动力学从亚里士多德到伽利略到牛顿的转变。正是由于隐瞒了这些变化,教科书中那种把科学的发展线性化的倾向,就掩盖了一个科学发展中最有意义的插曲的核心过程。"④

库恩不仅批评了归纳主义的科学发展观,也批判了波普尔为代表的证伪主义科学发展观。波普尔的证伪主义科学发展观也可以称之为反归纳主义的科学发展观,它所强调的不是科学知识的继承和积累,而是不断革命,即科学理论不断更替,旧理论不断被推翻、被新理论取而代之的过程。波普尔强调否证的重要性,即强调这么一种检验的重要性——当其结果是否定的,科学家就必须抛弃一个已经确立的理论。尽管库恩对归纳主义科学发展观忽视科学革命表示不满,但证伪主义"唯革命论"也同样不予认可。他认为科学发展的过程就是不断解决问题的过程,"没有任何理论能解答在一给定时期它所面临的所有谜题;即使已得到的解答也不常是完美的。恰好相反,正是这种理论与资料间的吻合程度的不完备和不完美,才界定出许多表征了常规

① [美]托马斯·库恩:《科学革命的结构》,金吾伦、胡新和译,北京大学出版社2003年版,第2页。

② [美]托马斯·库恩:《科学革命的结构》,金吾伦、胡新和译,北京大学出版社2003年版,第51页。

③ [美]托马斯·库恩:《科学革命的结构》,金吾伦、胡新和译,北京大学出版社2003年版,第52页。

④ [美]库恩:《科学革命的结构》,金吾伦、胡新和译,北京大学出版社2003年版,第126页。

科学的谜题"①。"只有极少几个似乎是这样的学科（例如，几何光学），但却在很短时间内就根本不能提供进行研究的问题，而变成解决工程问题的工具了。"②"如果理论与数据间稍有不合即成为抛弃理论的理由，那么所有的理论在任何时候都该被抛弃。另一方面，如果只有理论与数据的严重不符才构成抛弃理论的理由，那么波普尔主义者就需要某种'不可几性'或'否证程度'的标准。在制定这么一种标准时，他们几乎必然会遇到哪些使各种概率或证明理论的提倡者头痛的种种困难。"③事实上，每一套日后定会被取代的理论在尚未被取代、仍然发挥作用之时，总能帮助该理论适用范围内的科学研究往不断地精细、细致、丰富的程度发展。这种工作在科学发展过程中的意义是不容否认的，否则，就等于否认了绝大多数科学家工作的意义。毕竟，即使科学追求创新性的发展，也仍有大量的科学家在从事补充、完善现有理论的工作，例如对万有引力常数、焦耳系数、阿佛加德罗常数的确定等。

此外，即使出现了比现有理论更好的新理论，也不必然导致科学的发展。如公元前3世纪阿里斯塔克（Aristarchus）就曾提出过"日心说"的见解，但是，"当阿里斯塔克提出他的学说时，地心说体系极为合理，并不需要日心说体系，即使日心说体系更能满足需要。托勒密天文学的整个发展，包括它的胜利和它的崩溃，都发生在阿里斯塔克的建议提出以后的几个世纪里。此外，也没有明显的理由应认真对待阿里斯塔克的建议。甚至哥白尼的更加精致的建议也不比托勒密体系更简单更准确。"④这个例子表明，科学发展是远比"新理论取代旧理论的革命过程"这样一种描述更为复杂的过程。证伪主义犯了与归纳主义同样的"错"，它们对科学发展的理论分析都过于狭隘，只把注意力集中在理论和个别的或成组的观察陈述之间的关系上，而没有考虑到一些具有重大意义的科学理论的复杂性。只不过被归纳主义忽视的是观

---

① [美] 托马斯·库恩：《科学革命的结构》，金吾伦、胡新和译，北京大学出版社2003年版，第132页。

② [美] 托马斯·库恩：《科学革命的结构》，金吾伦、胡新和译，北京大学出版社2003年版，第73页。

③ [美] 托马斯·库恩：《科学革命的结构》，金吾伦、胡新和译，北京大学出版社2003年版，第132页。

④ [美] 托马斯·库恩：《科学革命的结构》，金吾伦、胡新和译，北京大学出版社2003年版，第70页。

察与概念同化、事实与理论同化过程中理论反叛与概念重建的过程，而被证伪主义忽视的是新理论取代旧理论过程的复杂性。

通过对归纳主义与证伪主义科学发展观的批判，库恩提出了他的以范式理论为核心的科学发展观。这个发展观把科学发展划分为"常规科学"和"科学革命"两种形态，指出科学发展是一个积累式发展与跨越式发展（量变与质变）并存的过程：常规科学时期是科学的积累式发展时期，科学革命则代表了科学的跨越式发展。如法国社会学家布尔迪厄所评价的那样："库恩的贡献在于揭示了科学发展并非连续性的过程，而是以一系列的中断和'常规科学'和'科学革命'之间的交替的过程为标志。"① 这其中，判断常规科学与科学革命的关键正是库恩理论的核心概念：范式。

库恩的范式理论作为一种全新的科学发展观，确实可以为学科的历史研究建立一种新视角。但在将范式理论移植到冲突法研究之前，首先应分析这套以自然科学研究为基础的范式理论在社会科学中应用的可行性，进而探讨这一理论在冲突法学中应用的可行性，并探讨冲突法范式的一般特征。

二、范式研究在社会科学中的可行性

库恩的物理学背景奠定了范式理论的理论基调。在《结构》一书中，他列举大量的物理学、化学、天文学等自然科学的范例，其中，支撑库恩科学革命理论的论证的是反复出现的对"日心说"、"氧的发现"等自然科学中明显的变革事件的分析。这不能不使人们产生疑问：范式理论能否应用到非自然科学的哲学和社会科学之中？对于这个问题，库恩本人也的确心存疑虑。他认为自然科学的发展过程是由范式指导下的积累式发展与通过范式变革实现的跨越式发展构成的。实现这种发展模式的前提是形成一定的科学共同体，是共同体内部的研究者能够在世界观背景、形式化概念或符号、价值取向、问题设定以及基本研究模式等诸方面取得一致或达成基本共识。从这个特征上看，社会科学和人文科学的确与自然科学有较大的差异。从历史上看，在一定的历史发展时期自然科学会在整个研究领域范围内形成占据优势

---

① 朱彦明：《布尔迪厄对库恩"范式"思想的批判》，《科学技术与辩证法》2008年第4期。

地位的研究范式，如在哥白尼"日心说"创立之前，托勒密的"地心说"就是支撑整个天文学研究的基本范式，并由此形成了由大多数天文学家所构成的科学共同体。而在哥白尼之后，"日心说"取代了"地心说"成为天文学研究的基本范式，绝大多数出色的天文学家都被吸引到日心说的理论范式中。虽然在"地心说"时代也有人提出"日心论"，而在"日心说"时代也有人固守"地心论"，但这两种范式在各自时代的优势地位难以动摇。而在哲学和社会科学研究领域中，情况大不一样。几乎在任何一个时代，哲学和社会科学研究领域都是学派林立，不同的学派往往有着不同的理论前提和价值取向、运用不同的研究方法、有着不同的思维进路以及相应的研究成果，很难在整个研究领域中形成占据优势地位的学术共同体或科学共同体。然而，由于这个差异，能否认为范式理论不能应用到哲学和社会科学研究领域？的确，库恩最初提出"范式"概念也正是出于对自然科学和社会科学之间的这种差别的感受。他说："尤其令我震惊的是，社会科学家关于正当的科学问题与方法的本质，在看法上具有明显的差异。我的历史知识和学识使我怀疑，自然科学家们是否比他们的社会科学同事们对这些问题的解答更坚实或更持久。然而，不知怎的，天文学、物理学、化学或生物学的实践者对其中的基本问题通常并没有展开讨论，而今日在比方说心理学家或社会学家中间对这些基本问题的争论似乎已习以为常了。力图找到这种差异的来源，使我认识到此后我称之为'范式'（paradigm）的东西在科学研究中所起的作用。我所谓的'范式'通常是指那些公认的科学成就，它们在一段时间内为实践共同体提供典型的问题和解答。"①

　　然而，问题在于，自然科学与社会科学的这种差异能否说明"范式"只存在于自然科学的发展中，而不是同时也存在于哲学和社会科学的发展中？如果从库恩对范式的一般特征的分析来看，这个问题似乎并不难回答。自然科学研究领域与哲学社会科学研究领域的差异只能说明自然科学的范式以及范式的变革与哲学和社会科学范式及其变革在内容和形式上有所不同，而不能说明范式理论只能用于自然科学而与哲学社会科学无关。如果说，范式就是

---

①　[美]托马斯·库恩：《科学革命的结构》，金吾伦、胡新和译，北京大学出版社2003年版，序言第4页。

在一个科学共同体或学术共同体中形成的一整套概念系统、价值规范、问题预设和形而上学观念的话，那么，不难看出，范式可以在一个学科领域中形成，也可以在一个学科领域的一个学派中形成，尽管这个学派与该领域其他学派相比并不占据绝对优势。这主要是因为，无论是学术研究还是科学研究都不是学者个人的事情。思想材料的积累、思想观念的传承总会使一批学者在基本的理论观念、研究旨趣、研究方法和价值取向上达到某种程度的一致，从而构成一个学派。在这个学派中，每个学者的创造性的工作也不仅仅是他个人的成就，而是同时也推进了整个学派的发展，如库恩本人所说的那样："没有一个创造性的学派会认为有一类工作一方面是创造性的成功，另一方面却对这个群体的集体成就无所增益。"① 同样，任何学科领域也是通过范式的变迁而实现理论的革命。例如，在近代欧洲哲学研究领域中就形成了唯理论和经验论两大学派。前者坚持从思维本身出发推论具有普遍性必然性的真理，形成了理性主义的思维范式；后者则从感性经验出发探究和论证科学真理，形成了经验主义的思维范式。这两个学派势均力敌地竞争了数百年，直到德国哲学家康德通过对人的认识能力和认识形式的批判性考察，把理性主义和经验主义的认识论原则整合为知识的形式和内容时，新的哲学范式才得以产生，并由此推动了整个哲学的发展。因而，康德的成就被誉为哲学领域中的"哥白尼革命"，使康德成为西方古典哲学的最后一人和现代哲学的第一人。这种情况实际上在法学乃至在冲突法学的历史发展中也是屡见不鲜的。一般说来，欧洲近代自然科学作为经验科学，虽然也受到理性主义的深刻影响，但总体上说，是在经验论哲学，也就是在经验主义理论范式的孕育中产生和发展起来的，因而在自然科学领域，科学家组成的科学共同体在范式的构成因素中有更多的一致性，这就使得范式在自然科学的发展中表现得更为突出和明显。

确切地说，库恩的"范式"概念所针对的是科学理论的建构形式，而并不针对科学理论的具体内容。无论自然科学和社会科学之间有怎样的区别，但作为科学，它们在理论的建构上都必然具有一些相同的特征。如它们都有依据一定的价值观念和标准而形成的关于外部世界的形上信念，都有属于自身的概念系统、原理或定律以及理解和使用这些概念和原理的规则或原

---

① ［美］库恩：《科学革命的结构》，金吾伦、胡新和译，北京大学出版社2003年版，第146页。

则，都有一些公认的或具体的科学成就、已解决的难题以及未解决但已明确了解决途径的问题。也就是说，社会科学同自然科学一样，是把经验中观察到的现象纳入到自己的概念系统中加以理解，并依据一定的理论原则或逻辑原则对所发生的问题做出解答，这些理论原则预先规定了解决问题的方案或方式。这表明，范式理论并不局限在自然科学领域，它对社会科学的研究也同样具有普遍的适用性。况且，随着人类实践活动的不断发展，自然科学与社会科学之间日益出现相互融合的趋势。在这样的大背景下，将范式理论延伸至社会科学领域就十分重要了，因为这种学科和领域的融合唯有在存在着"可被共同接受的前提"的情况下才能进行，而这个前提正是涵盖在范式理论的研究对象之中。

由此可见，库恩在自然科学领域中发现的"范式"实际上是任何一个学科领域在其历史发展中所共同拥有的，毋宁说，没有范式就没有科学研究本身，没有范式的变革就没有学科理论的发展。范式在科学共同体或学术共同体形成中的作用、对于学科研究的思维进路和问题域的确定作用、使研究成果获得一致性评价的作用等，都可以在哲学和社会科学的理论发展史中找到。正因为如此，当库恩提出"范式"概念之后，这一理论才能够在众多学科领域得到广泛的响应，事实上该理论也已经被应用到各个学科当中并且卓有成效。当代科学社会学家马尔凯（M. Mulkey）就曾评论说："尽管范式被定义为包括理论、观察、仪器设备及其应用在内的特定的智力成就，但库恩却经常使该术语涉及某种在特殊人群中规定和共享的智力和技术假设。我认为，正是在作为智力惯例或技术的和认识的规范这后一种意义上，库恩的范式概念对科学创新的社会学研究才是最重要的。"[1]

第二节　"科学范式"与"冲突法范式"

库恩的范式理论作为一种全新的科学发展观，确实可以为学科的历史研

---

[1]　转引自赵万里：《科学的社会建构》，天津人民出版社 2002 年版，第 104 页。

究建立一种新视角。冲突法研究自不例外。但在将范式理论移植到冲突法研究之前，首先依然有必要分析这套以自然科学研究为基础的范式理论在冲突法学中应用的可行性。其中的关键问题是，能否按照库恩的"范式"理论的一般原则，准确地建立起冲突法范式的一般观念。

一、库恩的范式概念

在库恩那里，"范式"是一个内涵丰富、层次分明的概念或概念系统。范式（Paradigm）一词源于希腊文中的"paradeigma"，有"共同显示"的意思，由此而引申出范例、模式、模型等含义。但是在《结构》一书中，库恩却将范式的概念进行了充分的扩展，既将范例、实验、具体的科学成果等客观内容涵盖进来，同时又包括理论、信念、价值等抽象的主观内容。但是，在《结构》一书中，库恩并没有为范式作出明确、严谨的界定，而是用了大量描述性的语言来解释他所指称的"范式"具有怎样的性质、作用及表现形式，而这些描述也无法归于一类或少数几类。英国剑桥语言研究室的学者玛格丽特·玛斯特曼（Margaret Masterman）在系统地研究了《结构》一书后发现，库恩对"范式"概念的界定竟达二十一个之多，从"最初的示范性题解"到"最早提出这些公认事例的经典著作"，从"科学共同体的一套信念"到"概念、理论、仪器以及方法方面的成规"，从"公认的科学成就"到"一种在选定的，但仍末完成的事例中获得成功的指望"[1]。如此离散的使用使读者很难从认识上把范式概念归为同一个层次。有的学者甚至不无讽刺地将库恩阐述的范式概念称为他"创造出来却无法应付的魔鬼"[2]。之后的数年，库恩不得不反复从事对范式概念的解释工作，直到1969年出版的《后记》中库恩才为范式概念作出了比较明确、比较系统的梳理。

按照库恩的解释，"范式"就是一个科学共同体的成员所共有的东西，

---

①　郑辰坤：《库恩"范式"理论在社会问题研究中的应用》，硕士学位论文，广西大学，2006年。

②　参见李醒民：《科学的革命》，中国青年出版社1987年版，第18—20页。

而反过来，一个科学共同体由共有一个范式的人组成①。范式就是共同体的内在一致性，正是因为有了这种一致性，才能够解释为什么共同体成员间的交流比较充分、专业判断颇为一致。这种一致性并不仅仅是科学家们从专业教育中学到的一个或一套理论，而是比"理论"具有更为宽泛的含义的范畴。这是理解范式概念的关键。在1969年出版的《后记》中，库恩把范式称为"学科基质"（disciplinary matrix），即一个专门学科的工作者所共有的财产。这个"学科基质"包含如下四个部分：

第一部分是范式的符号概括。这是指范式中有形式的或易于形式化的部分，包括公式、定律、不同符号的定义等，这些符号概括能够被共同体成员无异议也不加怀疑地使用。

第二部分是范式的共有价值。它们通常比符号概括和模型更能为不同的共同体所广泛共有，而且它们在使全体自然科学家觉得它们同属一个共同体上起了很大的作用，尤其在需要查明危机之所在时或在不相容的研究方式之间做选择时，价值的作用就越发显得重要。价值的内涵非常丰富，但总的来说可以分为两类：一种是对范式中具体理论的要求，例如，"无论能允许的预言误差的限度如何，它应当始终能满足一个特定领域的要求"等；另一种是对理论本身的评价，如"理论应当是简单的、自洽的、似然的、与当时采用的其他理论相容的"②。共有价值有一个需要注意的地方，虽然为共同体成员所共有，但"可能由共有它们的人做极为不同的应用"③。例如，对于简单性的判断，可能因不同科学家的个性和经历而不同，有些人认为定性简单，有些则认为定量简单。但是，尽管共有价值有这种任意性的特质，价值判断却在任何领域都有两个重要特征④：第一，即使团体成员并不都以相同方式应用共有价值，它们仍然是团体行为的重要决定因素，特别是首要价值的作

① ［美］托马斯·库恩：《科学革命的结构》，金吾伦、胡新和译，北京大学出版社2003年版，第158页。

② ［美］托马斯·库恩：《科学革命的结构》，金吾伦、胡新和译，北京大学出版社2003年版，第166页。

③ ［美］托马斯·库恩：《科学革命的结构》，金吾伦、胡新和译，北京大学出版社2003年版，第166页。

④ 参见［美］托马斯·库恩：《科学革命的结构》，金吾伦、胡新和译，北京大学出版社2003年版，第167页。

用尤为明显，可以试想抛弃正义价值，法律会发展成什么；第二，个人的差异性在应用共有价值时，可能对科学起着必不可少的作用。必须用到价值之点，也总是必须冒风险之处。这一点在危机时期尤为明显。

第三部分是范例。范例包括学生们在他们的科学教育一开始就遇到的具体的问题解答，期刊文献中常见的技术性问题解答等等。库恩将范式是共有范例这个观点视为《结构》一书中最有新意而最不为人所理解的核心内容。范例存在的意义在于对相似关系的获取。常规科学研究依赖于把研究对象和情形依据其原始的相似性加以分类的能力，这种能力来自范例学习。这里"原始的"一词的含义，是指在依据相似性分类时，无须回答"相对什么而言相似"这个问题。于是任何革命的核心方面之一，就是某些这种相似关系改变了。过去归于同一类的对象，在革命后分到不同的类别中，同样也有相反的情况[①]。库恩认为，这种根据相似性加以分类的能力才是科学研究得以进行下去的基础。这种归类能力在科学研究中比直接的理论更为重要，而归类方式的变化正是革命的核心与关键。例如，天王星的发现始于1690至1781年间的数次观测，但一开始，观测者都以为那是一颗恒星。12年后，威廉·赫舍尔（Herschel）注意到该星明显的圆盘状，这个观察结果使将其归入恒星的尝试失败了。同时，由于考察出天王星在恒星之间运动，所以赫舍尔宣布他看到了一颗彗星。只是在几个月之后，所有把它的运动归于一般的彗星轨道的努力都告失败，莱克塞尔（Lexell）才建议：它的轨道可能是行星轨道。这个建议被接受之后，专业天文学家的世界里就少了一颗恒星而多了一颗行星。[②] 这个例子较为典型地描述了天文学一次进步的过程。天王星的发现并非由于最初的观测，而是在经历了几次"归类"工作之后，实现了观测与理论的结合。

第四部分是范式的形而上学部分或称形而上学范式。这是范式中非具体的观念与实体，包括新的观察方式、指引感觉的原则、形而上学思辨等。但这种范式是最难确定的。如果用"洞察力"这样的概念来表示似乎更容易理

① 参见［美］托马斯·库恩：《科学革命的结构》，金吾伦、胡新和译，北京大学出版社2003年版，第180页。

② 参见［美］托马斯·库恩：《科学革命的结构》，金吾伦、胡新和译，北京大学出版社2003年版，第104、105页。

解。实际上，库恩本人也颇受这个问题的苦恼，他用了大量类似于"他们生活的世界不同了"、"在不同的世界中进行研究"这样的描述，并极力想证明他并非是主观性的或非理性的："其一，即使我确实谈的是直觉，那也并非个人的直觉，而是一个成功的团体成员们所共同拥有的经过考验的直觉；新手们通过训练以获取它们，作为加入团体的准备工作的一部分。其二，这些直觉并非原则上不可分析的。"[1] 但他的分析仍然无法让人满意。

库恩最初将范式的作用笼统地说就是"解谜"[2]。范式的作用围绕解谜展开，并由解谜的能力决定范式的兴衰成败。然而，作为研究基础的范式并非某一套设计完善的理论或答题技巧，而是一种认识学科中各种现象的基本方式。根据这种方式，可以将复杂的自然现象或社会现象与具体的理论建立起特定的联系。换言之，范式确立的是一种理解世界的模式，这种模式通过具体的范例表达出来，范例作为理论在实际的解谜过程中的应用实例，既表述了理论是什么，又展示了理论与现实之间建立起的特定联系。从这个意义上说，一个成功的范例即是一种"范式"，在此意义上范式和范例是同义语[3]。因为"范例"之为"范式"，其成功之处不仅在于它成功地解释了某一具体的现象或问题，更在于它包含着解释这一类现象或问题的概念系统、思维形式和方法、价值规范和世界观背景，在自然科学中还包含了一整套按照一定理论制备出来的仪器、设备和观察实验方法。它使接受者通过对范例的模仿学会用已被范例证明为有效的方式，把未经证明的现实与相应的理论对应起来，从而展开各自的研究，进行新的谜题解答。范式的核心作用正是使共同体的成员建立起在各种情形中看出彼此相似之处的能力。这种能力是进行科学研究并最终推动科学发展的前提。正是因为有表征特定联系的规则与应用这套规则成功解决某类问题以供后继者模仿的范例存在，才能解释为何最初

----

[1] ［美］托马斯·库恩：《科学革命的结构》，金吾伦、胡新和译，北京大学出版社 2003 年版，第 172 页。

[2] 常规科学就是解谜的过程：范式规定了哪些谜值得解，并将科学家的注意力集中到这些谜上。反常的出现是因为出现了现有的范式无法解开的谜，当反常变得重要而紧迫时就成为促使学科发展的危机。科学革命同样是解谜，通过选择另一套解谜的机制——新的范式来解开旧范式无法解开却又亟须解决的谜。

[3] "paradigm"这个词既可以翻译成"范式"，也可以翻译成"范例"。本书在这里略作区分，以指明"范式"所包含的内容要比一个具体实例复杂得多。

"在应用范围和精确性两方面都是极其有限的"范式却能为研究者提供"有可能成功的预示"①，并让他们相信他们所走的路是正确的。从这个意义上讲，范式的核心正是范例。

二、冲突法范式的构成及其意义

比照库恩对范式概念的分析，我们不妨从冲突法理论和方法中概括出这四个方面的成分，由此判断冲突法范式的存在。

首先，冲突法范式同样包含被库恩归结为符号概括的特定概念、公式或表达方式等等。这些概念符号有的是为一般法学所共有的，有的则是冲突法自身所特有的，如"连结点"、"系属"、"准据法"、"反致"等。这些概念符号同样是法学共同体成员相互交流的工具和理论表述的形式，并且很容易被冲突法学者区分出来的。冲突法是一个特定概念颇多的法学领域，正如普劳瑟（Prosser）教授所说："冲突法领域是一片令人沮丧、地震不断的沼泽地。博学而古怪的学者们潜居其中，通过奇怪但不全面的专有名词将神秘的事物理论化。"正是这些专有概念和名词形成冲突法共同体交流的特定语言，外人难窥一径。

其次，冲突法范式必然包含共有价值。这一点，冲突法范式较之科学范式更为直接、更为明确。科学研究注重的是"事实"，亦即必须对事实采取价值中立的态度。因此在一个科学家共同体中，价值观念或价值取向具有相当的隐秘性，往往不能在科学家的观念中自觉地反映出来。法学则不同，法学所注重的是"规范"，而规范必然带有某种价值倾向，并且是法学家能够自觉意识到的。不同的冲突法范式，甚至直接可以从价值倾向上区分出来，如形式正义和实质正义、属人主义和属地主义等。不同的价值倾向决定了不同的冲突法范式对法律冲突的解决机制、策略和目的等的不同理解，也决定了不同范式之间所具有的不可通约或不可翻译的特征。

再次，"范例"是"范式"的核心，这对于理解范式理论在冲突法中的

---

① ［美］托马斯·库恩:《科学革命的结构》，金吾伦、胡新和译，北京大学出版社 2003 年版，第 21 页。

应用是十分重要的。因为，正如法学的其他部门一样，典型案例的分析往往是冲突法理论的重要组成部分，此类案例的出现也总能成为冲突法理论发展的重要契机。冲突法作为解决涉外民商事法律冲突的法律部门，最根本也最重要的目的是为存在着的法律冲突提供一种解决机制。而典型案例之所以能够起到范例的作用，就在于对这类案例的处理系统地包含了解决法律冲突一般原则和方法，包含了与这个一般原则和方法相联系的基本观念和价值规范。当法学家将蕴含在这个案例中的一般性因素予以理论的提炼，使之成为可被效仿或沿用的解决机制时，在这个典型案例中所包含的一般模式就成为一种可被广为接受的"范式"。

最后，冲突法范式在深层上也包含了形而上学部分。这一部分构成了法学共同体共有的世界观背景。这是一种主观倾向，通常是通过一定的法律信念表现出来，目的在于确立法律规范的终极依据。历史上出现过的，把法归结为"宇宙本性"、"上帝意志"、"自然权利"或追问法的人性根据等，都属于这一类。冲突法范式中关于法律正义的追求，也具有形而上学的特征。因为，这些观念显然并不仅仅属于冲突法本身，而是表明冲突法学者对国家、社会乃至整个世界的一种理解，可以说，不同立场、不同视角的冲突法学者，所看到的充斥着法律冲突的世界是不同的。这些理解往往成为他们阐述冲突法原则和规范的根本依据。

除上述四个方面的成分外，冲突法范式还必然要包含一整套指引法律选择的规范体系。冲突法范式从一开始就为冲突法研究划定了疆域，即围绕法律冲突的解决展开。如何解决法律冲突是冲突法领域需要通过研究解开的最重要的"谜"。或者更为确切地说，正因为冲突法范式（冲突法）的形成，提供了解决法律冲突的机制，才使法律冲突成为可以有解的谜。冲突法范式的核心正是这种解决机制，被称为法律选择规则。需要指出的是，这里所说的"法律选择规则"并非是指具体的冲突规则，而是形成冲突规范的规则。例如，"遗产继承适用遗产所在地法"与"遗产继承适用遗嘱订立地法"是两条不同的冲突规范，但它们之间仍有某种共通性，即均将法律冲突的解决与特定的地域联系起来，这正是萨维尼"法律关系本座说"确立的特定联系方式。"法律关系本座说"指出法律冲突的解决应考虑特定法律关系的"本座"所在地，从而将"地域"因素引入解决机制之中。该学说继而又指出要实现这种以地域为连结点的解决机制，可以通过特定的系属公式来完成，即通过类似"……适用……地法"的公式将不同的法律关系与不同的地域联结到一起。上述两条具体的冲突规范正是对这种系属公式的模仿。因此，作为冲突法范式核心的，并非一整套具体的冲突规范，而是往往以理论学说形式出现的对规则与范例的表述。如果某种理论学说获得了冲突法领域内法学家共同体的认可与模仿，该学说无疑取得了冲突法范式的地位，而模仿的结果大可因为实际情况的不同而有所区别。这种区别正体现了具体的法律与特定法域历史文化传统以及经济与社会发展状况的密切关系。冲突法的范式并非为形成完全一样的法律而存在，而是为即使在各自不同的境况中仍能寻求解决法律冲突的途径而存在。正是在这一点上，冲突法的范式才能将来自不同国家的法学家团结在一起，而不必考虑他们各自代表的国家意志。

从本书对冲突法范式的分析可以看出，冲突法的理论范式与自然科学的理论范式至少在形式上是类同的，即冲突法范式同样是一个包含基本范例、基本理论、价值信念、规范标准和形而上学观念的体系，这表明范式概念完全可以被应用到对冲突法理论的历史考察中。但在这里，我们又必须指出，冲突法范式作为法学又不同于自然科学范式。从总体上说，自然科学作为科学是关于事实的学问，它所关注的是自然对象和自然过程的属性和规律，自然科学范式的根本任务是客观地揭示这些属性和规律，而不涉及并且自觉排除人们对事实的价值判断。法学则不同，法学所面对的不是与价值无涉的自然事实，而恰恰是具有价值相关性的文化事实，也就是那些是否具有价值合理性的社会现象和法律现象。因此，它不是关于事实"是如此"的学问，而是关于事实"应如此"的学问。法学范式归根到底都是为了满足社会规范的建构。在经验事实面前，如果自然科学的某种观念与之相违，那就必须修改这个观念，否则就不是"真理"。但是，如果社会生活中的经验事实不符合法律的规范要求，则恰恰是要纠正这个经验事实本身，否则就不是"法律"。这就表明，验证法学范式合理性和有效性的标准不像自然科学那样来自经验事实，而是来自对社会生活本身的价值预设，正如德国法学家卡尔·拉伦茨所认为的那样：要理解法规范就必须发掘其中所包含的评价及该评价的作用范围。法学主要关切的不是"逻辑上必然的推论",毋宁是一些"价值导向的"思考方式。①

第三节 "科学共同体"与"法学共同体"

在库恩的范式理论中,"科学共同体"概念具有特别重要的意义。在1969年出版的《后记》中,库恩承认困难的问题都围绕着"范式"这一概念,而解决这种困难的关键在于理解"科学共同体"的行为和结构,他说:"我们能够、也应当无须诉诸范式就界定出科学共同体;然后只要分析一个特定共同体的成员的行为就能发现范式。因此,假如我重写此书,我会一开始就探讨科学的共同体结构。"② 因为"'范式'的一种意义是综合的,它包括一个科学集体所共有的全部规定"③。

一、"科学共同体"的内涵

"科学共同体"(scientific community)这个概念并非是库恩首创,而是由英国科学家和哲学家米切尔·波兰尼(Michael Polanyi)最早使用。波兰尼认为科学家们的工作不是单纯的个人行为,而是与本专业的同行们一起构成一个特殊的群体,不同的群体又构成一个整体即"科学共同体"。他说:"今天的科学家不能孤立地从事其行当。他必须在某个机构框架内占据一个明确的位置。一位化学家成为化学职业中的一员;一位动物学家、数学家或心理学家属于一个由专业科学家构成的特殊群体。这些不同的科学家群体合

---

① 参见〔德〕卡尔·拉伦茨:《法学方法论》,陈爱娥译,商务印书馆2003年版,第94页以下。

② 〔美〕托马斯·库恩:《科学革命的结构》,金吾伦、胡新和译,北京大学出版社2003年版,第156页。

③ 〔美〕托马斯·库恩:《必要的张力》,范岱年、纪树立译,北京大学出版社2004年版,第290页。

起来形成'科学共同体'。"① 波兰尼的这一思想也得到了美国学者李克特 (Jr. Maurice Richter) 的认同："我们所谓的科学共同体，是由世界上所有的科学家共同组成的，他们在他们自己之中维持着为促进科学过程而建立起来的特有关系。"② 这种科学共同体的概念旨在阐明，在大科学时代，科学研究不能也不会是一个个人行为，科学家日益处于一个联系密切的整体之中，从而实现了科学家与社会发生联系的过程。从这个意义上讲，波兰尼与李克特的共同体概念是社会学意义上的共同体概念。

库恩对"科学共同体"概念作出了自己的理解。他首先将科学共同体定位为专业共同体，即"一个科学共同体由同一个科学专业领域中的工作者组成"③，然后进一步指出共同体是一个有层级的概念："在含义最广的层次上，是所有自然科学家的共同体。在稍低层次上的主要有科学专业团体，有物理学家、化学家、天文学家、动物学家等的共同体。就这些主要团体而言……确定共同体成员的身份并不难。最高学位的学科，专业学会的成员资格，所阅读的期刊，这些通常已足以确定一个成员的身份。同样的技巧也可用以界定主要的次级团体：有机化学家以及或许其中的蛋白质化学家等等。只有再次一级层次上才会出现经验问题"④，那就是专家团体的确认。并且指出，可能仅有百人左右的专家团体"人数更少，也更重要。通常单个科学家，尤其是那些最有能力的，会同时或先后属于几个这种团体"⑤。这种细分对于库恩阐述共同体的作用是很重要的，因为"共同体是科学知识的生产者和确认者的单位"⑥。

---

① Michael Polanyi. *The Logic of Liberty: the Reflections and Rejoinders*, Routledge and Kegan Paul Books Ltd., 1951, p.53.

② [美] 小摩里斯·李克特:《科学是一种文化过程》，顾昕，张小天译，生活·读书·新知三联书店 1989 年版，第 138 页。

③ [美]托马斯·库恩:《科学革命的结构》，金吾伦、胡新和译，北京大学出版社 2003 年版，第 159 页。

④ [美]托马斯·库恩:《科学革命的结构》，金吾伦、胡新和译，北京大学出版社 2003 年版，第 159 页。

⑤ [美]托马斯·库恩:《科学革命的结构》，金吾伦、胡新和译，北京大学出版社 2003 年版，第 160 页。

⑥ [美]托马斯·库恩:《科学革命的结构》，金吾伦、胡新和译，北京大学出版社 2003 年版，第 160 页。

共同体之所以是知识的生产者与确认者单位，首先是由于"在一种绝大多数其他领域无法比拟的程度上，他们都经受过近似的教育和专业训练；在这个过程中，他们都钻研过同样的技术文献，并从中获取许多同样的教益。"①这种通过教育与训练获得的一致性的知识，包括学科的概念体系、基本定律、已有的科研成果等被库恩在研究中归于"范式"的范畴、它们是展开科学研究的基础。没有这个基础，就不可能获得进一步的成果，也不可能对本学科知识的增长做出什么贡献。对于研究成果的评价，也仅在本专业的共同体内才能进行，因为唯有在这种团体中，才会"交流相当充分，专业判断也相当一致"②。如果研究是在某个更为精深的领域展开，就需要评价者的知识基础有着同样精深的程度。例如，爱因斯坦的相对论理论无疑是物理学领域的出色研究成果，但绝非每个物理学共同体中的研究者都能从专业的角度对相对论理论予以评价，"即使在今天，爱因斯坦的广义相对论仍然主要是在美感上吸引人，而这种吸引力在数学领域之外，很少有人能感受得到。"③

库恩赋予科学共同体更重要的使命是"科学革命发生的基础与承载者"。对于这个机制的阐述必须引入范式的概念。

二、冲突法领域中的法学共同体

如前文所述，在库恩的科学发展观念中，与"范式"概念相联系的"科学共同体"概念具有十分重要的地位。科学共同体是范式的承载者、拓展者、改进者和新范式的选择者、创立者。共同体成员对范式的信任与维护保证了范式最大限度的自我进步，同时共同体对反常现象的态度最终决定了理论突破的出现。因而库恩指出："科学尽管是由个人进行的，科学知识本质上却

---

① ［美］托马斯·库恩：《科学革命的结构》，金吾伦、胡新和译，北京大学出版社 2003 年版，第 159 页。

② ［美］托马斯·库恩：《科学革命的结构》，金吾伦、胡新和译，北京大学出版社 2003 年版，第 159 页。

③ ［美］托马斯·库恩：《科学革命的结构》，金吾伦、胡新和译，北京大学出版社 2003 年版，第 143 页。

是群体的产物，如不考虑创造这种知识的群体的特殊性，那就既无法解释科学知识的特有效能，也无法理解它的发展方式。"① 库恩的这个思想对于描述冲突法理论的发展来说真是恰如其分。冲突法恰恰是在专业共同体的构成上有明显特殊性的学科领域。

从冲突法理论的发展史中可以看出，每一种学说在其产生之初都只是某个人或某几个人的思想，正如"法则区别说"在巴托鲁斯的努力下得以成型，"最密切联系说"在里斯的整理中趋向成熟。然而，仅仅是提出者的热情并不足以使得一种理论上升到左右学科发展的高度。冲突法的历史之所以可以称之为"学说史"是因为冲突法的理论不仅仅停留在法学家案牍笔头的探讨之中，而是充分地融入冲突法立法、司法的体系中来，并与司法实践紧密结合。在其他法律部门，虽然理论学说在法律成型的初期发挥着重要作用，而一旦到了成文法阶段，以法典形式固定下来的法律规范中某个"单独"学说的影响已经淡之又淡了。冲突法则有所不同，即便到了 19 世纪开始的"立法的国际私法"阶段，冲突法的立法行为和司法实践仍然建立在各国当时占统治地位的冲突法学说的基础上，呈现出学说主导的趋势。判例法为主导的美国也有类似的趋势。由美国法学教授、法官及律师组成的美国法律机构美国法学会（The American Law Institute）会将普通法各领域判决以及普遍为各州所制定的立法及司法解释之一般法律原则及规范进行整编，目的是试图自下而上归纳出统一的美国法。而在冲突法领域，美国《第一次冲突法重述》以比尔的既得权理论为灵魂，尽管该文献在合同和侵权领域的规范引起了其他学者广泛的批评，但由于它满足了司法界对规则明确性和稳定性的需求，因而获得了法院的普遍认可，基本上"统治"了当时美国的冲突法实践；《第二次冲突法重述》则以里斯的"最密切联系说"为基础，这一理论甚至影响了此后世界各国的国际私法立法，更不用说"意思自治"、"公共秩序保留"等学说自诞生之初就牢牢地占上了一席之地，至今仍然能从各国的立法和实践中完整地看到这些理论所起的重要作用。之所以会有这样的结果，主要是因为这些学说在其各自的历史时期得到了广泛的承认和接受，学说在冲突法

① ［美］托马斯·库恩:《必要的张力》，范岱年、纪树立译，北京大学出版社 2004 年版，序言。

发展中的地位是由其支持者赋予的。

冲突法理论的发展过程通常是首先由某个或某些学者提出某种学说，该学说能够较好地解决当时冲突法实践中所面临的重要问题，从而得到了更多人的肯定。这些人既包括学者也包括立法者、法官、律师，他们分别从理论和实践的角度对该学说加以补充完善。在这些人的共同作用下，该学说成为在一定时期内占据优势地位的理论，并在实践中起着主导作用。这种情况表明，对于学说的研究不应仅仅注意该学说解决了哪些问题，还应注意为什么围绕这一学说会形成一个有着一定共识的学科群体。在冲突法理论的发展中，一种学说之所以能够占据优势地位并达成共识就在于它所针对的问题是学者（或法官）们最为关注的问题，或者说，是当时冲突法中更具有迫切性、需要解决的问题。如库恩所说："常规科学和科学革命都是基于共同体的活动。为了发现和分析它们，人们必须首先澄清科学的共同体结构在历史上的变化情形。"因为"一个范式支配的首先是一群研究者而不是一个学科领域。任何对于范式指导下的研究或动摇了范式的研究所做的研究，都必须从确定从事这种研究的团体入手"[①]。

为此，我们可以参照库恩所论述的"科学共同体"的基本特征和构成原则，并依据法学领域的特殊性，将由冲突法学家构成的共同体称为冲突法领域内的"法学共同体"。这个共同体的构成应当包括如下三个层次：

1. 专门从事法学研究的学者，包括法学研究机构中的专职研究人员、高等学校中法学专业的教师等。这些人接受过法学理论的专业训练，通晓法学的历史与理论，长期从事法学研究，致力于拓展本专业的研究成果并负有培养后继人才的责任。一般来说，一种法学范式的形成或法学范式的变革最初主要是出自这些人的理论研究。更重要的是，唯有他们才能对专业研究成果和司法实践效果做出理论评价和专业分析。

2. 专门从事司法实践的执业者，如法官、律师等。这些人在司法实践中运用法学研究的成果，即法律和理论，在处理具体法律案件的过程中，阐释法律规范的意义，建立法律规范与事实之间的联系，并在司法效果中检验具

---

① ［美］托马斯·库恩：《科学革命的结构》，金吾伦、胡新和译，北京大学出版社2003年版，第161页。

体法律规范的合理性、可行性或有效性。由于冲突法范式的形成总是与典型案例（或司法范例）密切相关，而典型案例又只能在司法实践中产生，因而这些司法实践者的工作对于冲突法范式的发展有着独特的作用。而且在很多情况下，这些法官、律师可能同时又是法学理论家，他们的司法实践很快就能在理论上得到消化。此外，法学职业者的工作是在法律与社会现象间建立联系，这种实践中建立起来的联系可能远比法学理论最初的设想复杂、精密，这无疑也是一种对法学范式进行完善的工作。

3. 在更为宽泛的意义上，还应把立法机关（而非法律条文的起草人）也纳入法学共同体的范畴中来。因为"法学范式总是与法律范式相互交织在一起的，有时候法律范式就是法学范式，而法学范式也会影响法律范式的形成和变化"①。法学是一个实践性极强的规范性学科，如果一种法学理论不能最终转化为具有强制力的法律规范，那么这种理论就很难成为具有影响力的法学范式。立法过程显然包含着对法学理论的选择，或者说包含着对法律规范的立法根据的确认。它直接决定了一种理论是否能够真正进入司法实践。

正如法学范式与自然科学范式有所不同一样，法学共同体与自然科学共同体也有一定的区别。自然科学共同体所面对的是来自自然的经验事实，它的研究活动就其内容来说不受国家政治和法律的制约。而法学共同体的研究活动，从理论到实践总是不可避免地与国家意志相关，或者相合，或者相违，而且就法学实践来说，法学共同体的活动必然要受到国家的政治约束和法律制约。从这个意义上说，实际上法学较之自然科学更具有共同体的特征。

此外，在法学领域内部，与国内法研究相比，冲突法领域中的法学共同体也有自己的独特性。与国内法不同，国内法研究仅需要在内国范围内展开即可，虽然有必要借鉴外国的法律和法学理论，但并不涉及对外的法律关系。冲突法则不同，它必然以处理涉外法律关系为本职，因而对冲突法的研究不可能局限于一国（法域）境内，从实践中看，尽管各国在国际私法上的具体规则各不相同，但总是表现出某些一致性，并倾向于要求这种一致性，

---

① 舒国莹：《寻访法学的问题立场——兼谈"论题学法学"的思考方式》，《法学研究》2005年第 3 期。

以便使这种具体的法律规范在可以理解的范围内展现出一种趋同的倾向。当某一种冲突法理论出现时，它所影响的不仅是提出这个理论的法学家本国的冲突法研究，还必然得到其他各国法学家的关注，这种关注不仅停留在学术层面，还在很大幅度上影响着各国的冲突法立法。进行冲突法理论研究的法学家们不可能忽视冲突法表现出来的这种普遍性，但这就要求学者们站在更广阔的视角下进行研究。冲突法共同体的成员一方面从个人角度讲，来自世界各国；另一方面，从整体的角度讲，冲突法共同体的学术共识作用于整个世界。这听起来与自然科学领域内的研究无甚差别，但自然科学是无国界的，法学却不能视国界如无物。也许单纯的法学研究可以跨越国境的界限，但具体的冲突法立法、司法、法律在实践中的种种应用，都不可能不打上不同法域的烙印。冲突法共同体的成员，一方面是本国国家意志、民族文化历史传统和经济发展水平的承载者，不能脱离这种背景进行价值判断；另一方面又做着超越国境、价值中立的法学研究，这无疑是众法律部门中最特殊的一个。

不同学说的拥护者组成了不同的共同体，而他们所拥护的学说即是共同体的共识。这实际上是指出学科发展的关键是共同体的选择，共同体对旧有范式的抛弃和对新范式的采纳就意味着科学革命的发生，而这一过程在冲突法的学说更替中展现得极为明显。再考虑到学说更替在冲突法发展中起到的主导性作用，这就使得我们更加有理由去探寻是怎样的反常促使着冲突法范式发生转变。可见，在如此明确地受共同体作用影响的冲突法领域引入研究共同体的范式理论显然是十分契合的。范式理论对共同体选择的重视能够为冲突法研究开拓一个新的视角。

第四节　"科学革命"与冲突法理论的历史变迁

一、范式视角下的科学发展过程

围绕范式的更迭，库恩将科学研究分为两种类型的时期。"常规科学"

时期与"非常规科学"时期，常规科学时期是共同体对范式抱有坚定信仰，科学呈累积式发展的时期；非常规时期包括前范式时期与科学革命，前者是指尚不存在某种范式或缺乏范式指导的科学发展时期，后者是指某种科学共同体对已有范式产生怀疑，力图对范式进行变革的过程。在这里，科学共同体与范式是共同进退的两个概念，科学共同体的形成相应的是以范式的形成为标志。这样，库恩就把科学发展描述为从"前范式时期"到"常规科学时期"再到"科学革命时期"的过程。

（一）科学发展的前范式时期

在前范式时期，所有的研究者面临的自然现象都是多种多样、丰富多彩的，由于"没有范式或范式的某种候补者，所有与某一门科学发展可能有关的事实，似乎都同样的重要，其结果，早先搜集事实的活动比起后来科学发展所习惯的这种活动来，是一种远为随机的活动。此外，由于缺乏寻求某种特殊形式的更不显眼的信息之理由，所以早期搜集事实通常都局限于那些信手可得的资料"①。由于没有共同的信念，每个人都从特定的形而上学的关系中寻求指导，自由地选择支持理论的观察与实验，对其他部分则可以视而不见。当某种理论特别有说服力时，便会吸引一部分研究者，这些人都认可同样的形而上学关系，并反复强调该种关系下的最能被他们解释的现象②。

这种发展会导致一个个学派的形成，这些学派可以说具有共同体的雏形，而学派内部一致坚持的信念、方法与观察结果也同样具有范式的雏形。但这并不意味着科学共同体的形成与范式的形成，因为在这个时期，学派林立，众多学派逐鹿中原，处于不断竞争之中。一种理论出现，随即会受到其他学派的打压，各学派都只能在自己狭小的范围内发展自己的研究，而这些研究成果也很难得到学派之外的人的认可。不能说他们的工作毫无贡献，但这个时期的发展模式与成效都与有了范式之后的发展相差甚远。然而，不管怎么说，前范式时期众多学派的相互竞争为范式和科学共同体

---

① ［美］托马斯·库恩：《科学革命的结构》，金吾伦、胡新和译，北京大学出版社2003年版，第14页。

② 参见［美］托马斯·库恩：《科学革命的结构》，金吾伦、胡新和译，北京大学出版社2003年版，第11页。

的产生做出了准备。

范式的出现具有两个明显的特征：其一，某种理论学说形成了自洽的概念系统和统一的价值规则，其成就空前地吸引一批坚定的拥护者，使他们脱离科学活动的其他竞争模式。其二，这些成就又足以无限制地为重新组成的一批实践者留下有待解决的种种问题①。被吸引而来的研究者就形成了科学共同体。在自然科学的发展中，当一个个人或一个团体第一次产生出一种综合，它能吸引大多数下一代的实践者时，较旧的学派就逐渐消失了②。获得一个范式并获得范式所容许的那类更深奥的研究是任何一个科学领域在发展中达到成熟的标志③。但是，具有范式作用的理论，并不需要完美无瑕，只要能优于它的对手，不需要而且事实上也决不可能解释它所面临的所有事实④。范式的作用，更多地在于提示出哪些实验值得去做，哪些不值得。换言之，范式的意义在于规定出研究的方向，而不是罗列出所有的结果。对这个性质，库恩有十分详尽的描述，他说："一个范式在它最初出现时，它的应用范围和精确性两方面都是极其有限的。范式之所以获得了它们的地位，是因为它们比它们的竞争对手能更成功地解决一些问题，而这些问题又为实践者团体认识到是最为重要的。不过，说它更成功既不是说它能完全成功地解决某一个单一的问题，也不是说它能明显成功地解决任何数目的问题。范式的成功……在开始时很大程度上只是选取的、不完备的、有可能成功的预示。常规科学就在于实现这种预示，其方法是扩展那些范式所展示出来的特别有启发性的事实，增进这些事实与范式预测之间的吻合程度，并且力图使范式本身更加明晰。"⑤

---

① [美]托马斯·库恩：《科学革命的结构》，金吾伦、胡新和译，北京大学出版社2003年版，第9页。

② [美]托马斯·库恩：《科学革命的结构》，金吾伦、胡新和译，北京大学出版社2003年版，第17页。

③ [美]托马斯·库恩：《科学革命的结构》，金吾伦、胡新和译，北京大学出版社2003年版，第10页。

④ 参见 [美] 托马斯·库恩：《科学革命的结构》，金吾伦、胡新和译，北京大学出版社2003年版，第16页。

⑤ [美]托马斯·库恩：《科学革命的结构》，金吾伦、胡新和译，北京大学出版社2003年版，第21页。

（二）科学发展的常规科学时期

范式指导下的研究，就是常规科学研究，其目的是通过"解谜"扩大范式所能应用的范围和精确性。科学共同体取得了一个范式，就意味着取得了选择研究问题即"谜"的标准，仅有那些能够通过范式预测到可能有解答的谜，才是共同体承认的科学问题。范式的这个作用并非是任性的或无奈的，而是科学能够得以快速发展所必需的。尽管科学研究从整体上讲是一个无限延续的过程，但从事科学研究的科学家却仅有极为短暂的研究生命。不否认有些非常有价值的研究值得科学家用几辈子来努力，但标志科学发展的无疑是具体的科学成就的出现。范式的重要作用就是把有限的时间集中在更有可能做出成绩的研究上，从而推动科学的发展。

然而，作为范式的理论毕竟无法解释研究者所面临的所有状况，范式的确立必然伴随着"反常"的出现。"反常"是指自然界总是以某种方法违反支配常规科学的范式所做的预测，"在任何一门科学的发展过程中，最先接受的范式，通常会让人感觉到它对于科学研究者容易理解的大多数观察和实验，能给予相当成功的说明。因此，进一步的发展通常要求建构精巧的装置，发展出一套深奥的词汇和技巧，精练概念，使之不断地减少与它们通常的常识原型（Prototypes）之间的相似性。这个专业化的进程，一方面使科学家的视野受到极大的限制，并使范式变化受到相当严重的阻碍。科学已日益变得僵硬。另一方面，在由于范式的指引而使科学家团体的注意力集中的那些领域内，常规科学导致了资料的详尽，也导致了任何其他方式都不能达到的观察——理论相一致的精确性"[1]。唯有在这种范式提供的背景下，反常才能显现出来，因为反常本身就是与范式这个常规情况相左的表现。范式越精确，就越容易察觉出反常，这种反常的出现要求人们继续对反常领域进行或多或少是扩展性的探索。这种探索直到调整范式理论使反常变成与预测相符时为止。[2] 但如果反常变得长久而深刻，就不能仅仅通过调整，而必须打

---

[1] [美]托马斯·库恩：《科学革命的结构》，金吾伦、胡新和译，北京大学出版社2003年版，第60页。

[2] [美]托马斯·库恩：《科学革命的结构》，金吾伦、胡新和译，北京大学出版社2003年版，第48页。

破既有的范式才能满足解释反常的需要，那么，此时范式所面临的就不再是难以解释的反常，而是足以动摇范式根本的危机状态了。

（三）科学危机与科学革命

危机的通常表现，诸如理论变形的骤增，是对范式进行调整的必然结果。面临危机，固有的范式逐渐失去了独一无二的地位，但这时还并不能导致范式的崩溃。范式在常规科学时期起到的作用使研究者仍愿意相信其正确性。于是"他们将会设计出大量的注释并对他们的理论作特设性的修改，以消除任何表现的冲突。"[1]"即使这种不一致比在理论的其他应用中所经历的不一致大到无以说明的地步，也不一定会导致任何深刻的反应。总会有不一致存在。甚至最难解决的不一致通常都会在常规实践中最终获得解决。通常的情况是，科学家愿意等待，尤其当该领域的其他部分还有许多问题存在时更是如此。"[2]除非某个反常具有非常的紧迫性，不然反常大多数情况下无法转化成危机。

对危机阶段的描述在库恩范式理论中占据着非常重要的地位，因为危机是连接新旧范式的桥梁。危机的产生、对危机的应对以及危机的解决就是科学革命的过程。

对反常的应对首先是对范式进行修改，但若修改的次数与幅度逐渐增多，范式就会越来越模糊，"所有危机都始于范式变得模糊，随之而使常规研究的规则松弛。在这方面，危机时期的研究非常类似于前范式时期的研究，只是前者差异集中在明确而较小的范围内。而所有危机又都以三种方式之一结束。有时常规科学最终能处理引发危机的问题，尽管有些人已经失望，他们把引发危机的问题看成现存范式的终结；有时即使采用了非常新的途径也无法解决这一问题。于是科学家断定，在他们领域的目前状况下不会有对此问题的解答，他们把问题标记出来，搁置一旁，留待后人；最后……危机可能随着范式的新候补者的突现以及为接受它所做的斗争而终结。从一

---

[1] [美]托马斯·库恩：《科学革命的结构》，金吾伦、胡新和译，北京大学出版社 2003 年版，第 72 页。

[2] [美]托马斯·库恩：《科学革命的结构》，金吾伦、胡新和译，北京大学出版社 2003 年版，第 74 页。

个处于危机的范式，转变到一个常规科学的新传统能从其中产生出来的新范式，远不是一个累积过程，即远不是一个可以经由对旧范式的修改或扩展所能达到的过程。宁可说，它是一个在新的基础上重建该研究领域的过程，这种重建改变了研究领域中某些最基本的理论概括，也改变了该研究领域中许多范式的方法和应用。转变期间，新旧范式所能解决的问题之间有一个很大的交集，但并不完全重叠。……当转变完成时，专业的视野、方法和目标都将改变"①。

当危机来临时，科学共同体的成员们开始寻求解决的方案，其中一部分人将注意力集中于修正、精炼现有范式的工作中来，另一部分则更容易抛弃对原范式的效忠。后者通常具有这样的特征：他们通常都非常年轻，或踏入深受危机困扰的领域才不久，因此比起大部分同时代的同行而言，他们对由老范式决定的世界观和各种规则的信奉就没有那么深②。他们可能会更顺利地摆脱已有范式的视角，用新的视角来观察他们所面临的世界。他们往往会发展出许多"思辨性的和不精确的理论"③，这都是某种新思路指导下的尝试，"如果成功了，就能找出通往新范式的道路，如果不成功，也能相对容易地将它们舍弃。"④还有一种可能就是转向哲学分析⑤，这些转变的目的，都是为了削弱心理上的传统束缚、并为新传统提供基础⑥。这种对现存范式态度的转变、心理束缚的减弱、注意力的转换、新思路的打开、新视角的引入、思辨性的探索、哲学层面的分析，均属于范式的形而上学部分，这一部分的变化往往早于范式，甚至早于新理论而出现，它们是先行的。

---

① ［美］托马斯·库恩：《科学革命的结构》，金吾伦、胡新和译，北京大学出版社 2003 年版，第 78 页。
② ［美］托马斯·库恩：《科学革命的结构》，金吾伦、胡新和译，北京大学出版社 2003 年版，第 180 页。
③ ［美］托马斯·库恩：《科学革命的结构》，金吾伦、胡新和译，北京大学出版社 2003 年版，第 57 页。
④ ［美］托马斯·库恩：《科学革命的结构》，金吾伦、胡新和译，北京大学出版社 2003 年版；第 80 页。
⑤ ［美］托马斯·库恩：《科学革命的结构》，金吾伦、胡新和译，北京大学出版社 2003 年版，第 81 页。
⑥ ［美］托马斯·库恩：《科学革命的结构》，金吾伦、胡新和译，北京大学出版社 2003 年版，第 81 页。

　　然而，即使新理论出现了，也不必然导致科学革命的发生。科学革命在这里是指科学发展中的非累积性事件，其中旧范式全部或部分地为一个与其完全不能并立的崭新范式所取代①。亦即，从新理论出现发展到科学革命，还有一个至关重要的过程：从新理论到新范式的过程。

　　科学革命起源于科学共同体中某一小部分人逐渐感觉到：他们无法利用现有范式有效地探究自然界的某一方面，而以前范式在这方面的研究中是起引导作用的②。但旧范式并不是那么容易被抛弃的，"范式既是科学家观察自然的向导，也是他们从事研究的依据。范式是一个成熟的科学共同体在某段时间内所接纳的研究方法、问题领域和解题标准的源头活水。因此，接受新范式，常常需要重新定义相应的科学。"③加入共同体越久的成员，范式的影响也就越深刻。接纳新范式，相当于要他们承认自己之前做的所有研究的基础都不正确了。可以想象，这是一个多么恐怖的打击，因此，常常有些老科学家选择终身抗拒新的范式。并不能因此就否认他们的科学主义精神，他们的抗拒，正是"源自于确信旧范式终将解决它的所有问题，自然界终可塞进那些范式所提供的盒子之中"④。正是这种坚持与确信，才能确保一个范式能够稳定地发生作用，这种对新范式的抗拒正是科学研究本性的标志。因此，与其说科学革命是一个自然而然发生的过程，一个新理论的出现必然会使所有科学家臣服、投诚，不如说科学革命是一个高度人为的过程，科学共同体是科学革命发生的基础与承载者。正如达尔文在他的《物种起源》结尾处所说的那一段极有洞察力的话："虽然我完全相信此书观点的真理性……但是对于观点与我完全相反的博物学家，我并没有期望能使他们信服，他们的心目中已充满从他们的观点去观察到的事实……但是我有信心面对未来，面对那些年轻的、正在成长的博物学家，他们将能毫无偏见地去看这个问题上的

---

①　[美]托马斯·库恩：《科学革命的结构》，金吾伦、胡新和译，北京大学出版社 2003 年版，第 85 页。

②　[美]托马斯·库恩：《科学革命的结构》，金吾伦、胡新和译，北京大学出版社 2003 年版，第 85 页。

③　[美]托马斯·库恩：《科学革命的结构》，金吾伦、胡新和译，北京大学出版社 2003 年版，第 95 页。

④　[美]托马斯·库恩：《科学革命的结构》，金吾伦、胡新和译，北京大学出版社 2003 年版，第 137 页。

两种观点。"①

新旧范式之间的竞争，实际上是争取科学共同体中心的斗争。"一个新的科学真理的胜利并不是靠使它的反对者信服和领悟，还不如说是因为它的反对者终于都死了，而熟悉这个新科学真理的新一代成长起来了。"②当一个学科的研究者全部由新范式的接受者组成时，就可以说科学的研究已经站在一个不一样的基础上展开了，此时才是科学革命完成新的常规科学展开时期。

科学革命的完成以及对新范式的接纳，要求至少能满足两个条件：首先，新范式必须看来能解决一些用其他方式难以解决的著名的和广为人知的问题。其次，新范式必须能保留大部分科学通过旧范式所获取的具体解题能力③。否则，很难想象科学家费尽心力接受新范式而不是安稳地沿用旧范式的原因。同时，必须指出的是，革命的解决过程，就是通过科学共同体的内部冲突，选择出从事未来科学活动的最适宜的道路④。如果不能表现出明显的进步性，这种选择将是毫无意义的。

二、范式视角下的"冲突法革命"

（一）"科学危机"与科学革命

"科学危机"在库恩的范式理论中是内涵十分确定的概念，是他用来分析科学发展动态过程的基本范畴，具有重要的方法论意义。在库恩看来，在

---

① Charles Darwin, *On the Origin of Species II,* authorized edition from 6th English ed.; New York, 1889, pp. 295-296. 转引自 ［美］托马斯·库恩：《科学革命的结构》，金吾伦、胡新和译，北京大学出版社 2003 年版，第 136 页。

② Max Planck, *Scientific Autobiography and Other Papers*, trans. F. Gaynor, N. Y., 1949, pp. 33-34. 转引自 ［美］托马斯·库恩：《科学革命的结构》，金吾伦、胡新和译，北京大学出版社 2003 年版，第 136 页。

③ ［美］托马斯·库恩：《科学革命的结构》，金吾伦、胡新和译，北京大学出版社 2003 年版，第 152 页。

④ ［美］托马斯·库恩：《科学革命的结构》，金吾伦、胡新和译，北京大学出版社 2003 年版，第 155 页。

一个科学共同体中，当一种科学范式已经形成，在这种范式指导下的科学研究就属于"常规科学"，而当这种范式面临新经验、新问题的严峻挑战，而且表现出无力解决这些新问题时，科学危机就到来了。这表明，科学革命并不仅仅表现为更优秀理论的出现，而是旧范式遭遇了危机。如果危机始终不出现，旧范式就会一直占据研究基础的宝座。"只要范式提供的工具能继续表现出有能力解决它所规定的问题，通过有信心地使用这些工具，科学就能得到最快和最深入的发展。科学中像制造业中一样，更换工具是一种浪费，只有在不得已时才会这么做。危机的意义就在于：它指出更换工具的时机已经到来了。"①一般来说，一种新的理论何时、何地和被谁提出是无法预期的，因为它总是与学者个人的研究活动密切相关。但是，范式处于危机时期时的种种表现却能很准确地预示革命的到来。这些表现往往稍加研究就能发现，例如处于核心地位的理论变形骤增；出现大量的对理论的注释；对理论进行特设性的修改；或者在很短的时间内出现很多新的理论。这些现象对于关注研究热点的学者们而言都是十分明显的，甚至他们自己都很可能是其中的参与者，或者贡献了一条注释，或者干脆提出一个新理论。

　　危机时期的这些表现在冲突法领域是很常见的。例如，20 世纪 30 年代期间，美国冲突法学界出现了大量的新理论，库克的"本地法说"、卡弗斯的"规则选择说"或"结果选择说"，柯里的"政府利益分析说"、艾伦次威格的"法院地法说"、利弗拉尔的"较好法律说"以及里斯的"最密切联系说"等，这些新学说的出现，不仅动摇了传统法律选择理论的基础，而且唤起了学者们对法律选择理论进行反思与重构的意识，这段时期的冲突法发展也恰恰被称为美国的"冲突法革命"，革命的结果是形成了以最密切联系原则为核心的新范式，同时带动了冲突法研究更进一步的发展。关于这个过程，本书将在第四章中予以比较详细的描述和分析。

　　出现大量的众说纷纭的新理论，这只是危机时期的表面特征，还并不意味着科学革命的真正到来。因为面对领域里紧迫而重要的反常现象，危机时期的一个典型的理论表现就是理论变形的增多。旧范式的信仰者希望能通过

---

① 　[美]托马斯·库恩：《科学革命的结构》，金吾伦、胡新和译，北京大学出版社 2003 年版，第 70 页。

对范式进行微小的改变解决这些冲突。这种改变可能是基于对范式的理解设计出的注释，也可能是某些特设性的修改，但并不会改变范式的核心规则与典型应用。进行这种工作的研究者都是旧范式最忠实的信徒，他们会不惜一切努力戴着放大镜去观察旧范式的方方面面，只要有一点证据能支持他们的注释与修改，并使注释后或修改后的范式能解决存在的种种反常，这种努力就会进行下去。这一方面是因为旧范式在它成功的领域发挥的作用让它的信仰者过于自信；另一方面也是因为放弃一个范式"成本"太高，之前的理论成果都需要重建，连研究者的世界观都需要有根本性的改变——这对于那些过于信仰旧范式的研究者而言是极为困难的。即便我们可以用旁观者的眼光看到那些新范式相比于旧范式的明显进步，但在革命之时未必能即刻动摇旧范式的支持者并使其改宗。

促使范式更替的原因在于反常变得特别紧迫，这种紧迫性有可能来自对范式本身的怀疑——"对范式中清晰而基本的概括明显地产生疑问"；或者对范式应用的怀疑——"一种反常虽然没有明显的基本重要性，但它所禁止的应用却具有特殊的实践重要性"；或者是常规科学的其他发展使本来不重要的问题变得重要，"通常几个这样的情况将结合在一起"。[①] 这种对范式的怀疑会逐渐延伸到共同体的大部分成员，将他们的注意力转移到对反常问题的研究上。或许这种反常并不会阻碍原有范式继续发挥作用，但共同体成员对于研究领域的关注已经发生了变化。当对反常问题的解决成为一部分研究者工作的主题时，就很可能产生不同于旧范式的新理论。

理解范式理论中的"科学危机"概念，对于我们认识和把握冲突法理论的历史发展是非常重要的。它有助于我们认识冲突法理论何时真正处于危机时期，有助于我们识别哪些新的理论实质上是对原有范式的修补，哪些理论真正预示着新的范式的产生。尽管从新理论产生到被共同体认可为新的范式还会有一段过程，但新理论的主题却必定是从旧范式无法解决的重要反常中产生的。对于危机内容的考察更重要的意义在于它的预见性——不可能出现一个新范式，却对成为旧范式危机的问题毫无办法，因此对危机内容的研究

---

① 参见［美］托马斯·库恩：《科学革命的结构》，金吾伦、胡新和译，北京大学出版社2003年版，第76页。

能指导理论创新的方向。这种预见性同样可以用于对危机时期出现的新理论的评价，能否更好地解决危机中的问题是判断新理论可能的学术地位的重要标准，这种理论可能比完全开辟新战场的研究更受共同体的重视。

（二）范式的"不可通约性"问题

科学危机的解决就是科学革命的过程，也就是最终由新的范式取代旧的范式的过程。那么，新旧范式之间的关系是怎样的呢？对于这个问题，库恩提出了范式间具有"不可通约性"的理论。这一理论是库恩范式理论中最受争议的部分，也是库恩自己最为关注的内容。在《〈结构〉之后的道路中》库恩指出不可通约性问题是范式理论最主要的部分，"自《结构》写成之后三十年来，还没有任何一个问题像不可通约性那样深深占据我的思路。这些年我更加强烈地感觉到，不可通约性必须是所有历史的、发展的或进化的科学知识观的一个必要因素。"[1] 为此，库恩后期的理论研究主要集中于对"不可通约性"的合理阐述，先后发表了《可通约性、可比较性和可交流性》(1983)、《合理性与理论选择》(1983)、《科学史中的可能世界》(1989) 等重要文章，取得重大的突破。

"不可通约性"(incommensurability) 本是数学用语，指的是没有公度(no common measure)。在《结构》一书中，库恩借用这个术语是为了说明竞争中的范式间对立不相容的关系，在新旧理论之间不存在统一的评价标准，也不存在客观的基础以供理论选择。在从旧范式到新范式的过程中"支配常规科学原来实践的许多规则要发生改变，因此新理论必不可免地要对它们已经成功地完成了的许多科学工作加以重新审视"[2]。库恩将这一过程形象地比喻为"范式转换后科学家在一个不同的世界里工作"，因为新范式是对整个学科理论的重构。

这种不可通约性的观点一·经问世就受到了广泛的关注与批判，批评者认为库恩的观点是一种相对主义和非理性的。面对这种批评，库恩后来

---

[1]　Thomas Kuhn. *The Road Since Structure, Philosophical Essays, 1970-1993, with an Autobiographical Interview*. Chicago and London: the University of Chicago Press, 2000, p.91.

[2]　[美]托马斯·库恩:《科学革命的结构》，金吾伦、胡新和译，北京大学出版社 2003 年版，第 6 页。

多少修正了自己的观点，把"不可通约性"的表达转述为"不可翻译性"（untranslatability），他曾多次强调，他的所谓"不可通约性"并不意味着"不可比性"，而更像"不可翻译性"，"意欲提示出，需要陈述一个科学理论的语言很像诗的语言。某些陈述（但只是某些），使用一种理论的语言不可能以确定真值所需的精确性翻译成另一种理论的语言。但两者仍然是可以比较的。"① 显然，这个修正不是根本性的改变，只是在表述上显得更为"温和"一些，但仍然认为在不同范式之间不可能存在着畅通无阻的交流。

库恩的"不可通约性"或"不可翻译性"实际上就是指，同样的概念或语词在不同的范式中会有不同的含义，因而不能被直接转译。这种情况很容易在自然科学的范式中得到印证。例如，"时间"和"空间"这两个概念，在牛顿力学体系中被表述为绝对的、与物质运动无关的东西，而在爱因斯坦的相对论力学体系中，则被表述为相对的、随着物质运动速度的变化而变化的东西。这表明，牛顿力学中的时空概念是不能被直接"翻译"为相对论力学中的时空概念，因而每一次科学革命的完成都包含着新范式对整个学科理论的重建，正如英国科学哲学家拉卡托斯和马斯格雷夫所说："在从一种理论到下一个理论转换过程中，单词以难以捉摸的方式改变了自己的含义或应用条件。虽然革命前后所使用的大多数符号仍在沿用着……但其中有些符号依附于自然界的方式已有了点变化。"② 所以即使是同样的表述也可能代表不一样的含义。

从一定意义上说，不同范式之间的不可通约性在冲突法领域也是很常见的。其中比较典型的例子是普通民法与冲突法对"意思自治"的不同理解。意思自治或称私法自治，是指在私法领域当事人可以依据自己的意志创设、变更或消灭民事法律关系。民法上的意思自治原则起源于罗马法，罗马法中关于诺成性契约的规定就是将当事人的意愿视为契约的核心，契约成立与否取决于当事人的意志③，这一规定被称为人类契约发展史上一次质的飞跃并

---

① 金吾伦：《托玛斯·库恩的理论转向》，《自然辩证法通讯》1991 年第 1 期。

② ［英］拉卡托斯等：《批判与知识的增长》，周寄中译，华夏出版社 1987 年版，第 358 页。转引自何兵：《库恩后期科学哲学思想研究——语言转向及其认知根源》，博士学位论文，复旦大学，2006 年。

③ 参见徐冬根：《国际私法趋势论》，北京大学出版社 2005 年版，第 208 页。

在以后又逐步演变为"契约自由原则"，该原则在《法国民法典》中首次得以确立，即是意思自治在普通民法中的含义。冲突法的意思自治原则理论上公认最早是由 16 世纪法国学者杜摩兰提出的，是指在契约关系中，应该适用当事人自主选择的习惯法，即使当事人未做出明示的选择，法院也应推定其默示的意思，以确定应当适用的法律，即根据整个案情的各种迹象来判断双方当事人意思之所在①。国际私法中的意思自治原则应该说也起源于罗马法中的诺成性契约，因为诺成性契约"最初只是万民法上的一种契约形式，仅适用于罗马公民与外来人之间的贸易"②，而万民法所调整的法律关系具有一定的涉外属性，可以视为冲突法的萌芽。然而，尽管这两种意思自治具有相同的罗马法起源，均是保障当事人私法自由的准则，但在历史发展的过程中，随着民法范式的完善与冲突法范式的建立，二者的含义逐渐已发生了变化。如今国际私法上的意思自治原则已有相当确定的含义，不再关注体现于实体法律关系中的当事人意愿，而专指当事人有权选择适用于合同（如今已有向侵权等其他领域扩散的趋势）法律关系的法律，是专属于国际私法法律选择问题的基本原则之一。今天再去追溯意思自治的含义，必须首先与相应的范式联系起来，脱离开各自的理论构成来阐述意思自治是无法获得对这个范畴的本质、内涵与应用的准确理解的。

从一个旧的范式转向一个新的范式的确是具有结构性变迁的"革命"，但这并不意味着两种范式之间存在着完全不可沟通的断裂且缺乏思想理论的连续性进展。库恩的"不可通约说"夸大了不同范式之间的非连续性，应当说是有失偏颇的。相同的概念在不同的范式中可能会有完全不同的内涵和使用条件，但是在新的范式中能够保留这些概念的使用，就不能说这些概念在旧范式中的含义与其在新范式中的含义毫无关系。不过库恩的"不可通约说"对于我们历史地理解思想理论的发展还是起到了重要的提示作用。那就是把历史上发生的那些思想理论放到原有的历史境遇中予以理解。同样的概念或观念在不同的范式中会有不同的含义，这就要求我们把这些概念或观念放到

---

① 参见韩德培：《国际私法新论》，武汉大学出版社 1997 年版，第 57 页。

② 马俊驹、陈本寒：《罗马法契约自由思想的形成及对后世法律的影响》，《武汉大学学报》（社会科学版）1995 年第 1 期。

它们所属的范式中加以考察。这一点对于考察冲突理论的发展史尤其重要。库恩曾依据他的"不可通约说"认为："那些曾一度流行的自然观，作为一个整体，并不比今日流行的观点缺乏科学性，也更不是人类偏见的产物。"①这个观点在科学界被指责为典型的历史相对主义。但是这个观点对于理解冲突法范式的变迁却有微妙的契合性。因为，任何法学范式不同于追究自然必然性或科学真理的自然科学范式，而是追求价值合理性和规范正当性的学说体系。而法学所追求的价值合理性和规范正当性都是与一定的社会历史条件密切相关的，离开了一定的社会历史条件，我们无从理解一种法学范式何以具有合理性和正当性。唯有站在当时的环境中，按照当时学者的目的，历史地解读历史证据，才能真正发掘出那些旧时理论的本来面貌，也唯其如此，才能从历史的发展中获得规律性的认知。所以我们可以将库恩的这段话稍作改动：那些曾一度流行的法学观或法学范式，作为一个整体，并不比今日流行的法学观或法学范式缺乏价值合理性，也更不是人类偏见的产物。

---

① ［美］托马斯·库恩：《科学革命的结构》，金吾伦、胡新和译，北京大学出版社 2003 年版，第 2 页。

第二章　重读巴托鲁斯——冲突法的
　　　　　第一个范式

　　将冲突法的历史发展纳入范式理论框架的第一步是探讨冲突法范式在冲突法理论历史发展中的形成过程。依据库恩范式理论的推断，任何学科的理论发展必然经历从前范式时期到范式的形成这一过程。尽管范式的内涵十分复杂，其形成过程往往扑朔迷离，但是探索学科理论从前范式时期到范式的形成过程却是十分重要的。因为学科的形成，是以范式的形成为标志的。形成具有相同或相近的价值取向、研究兴趣、精神信念并以同一种话语体系进行交流的学科共同体，是使一个专业学科能在理论探求上有所发展的前提。然而，任何理论范式的形成都不是一个孤立的、偶然的事件，而是必然有此前的思想发展和实践经验为其形成做出准备。本章的主要内容首先是探讨冲突法理论从前范式时期到冲突法范式形成的过程，进而分析第一个冲突法范式的理论特征及其在冲突法理论发展中的重要作用。

　　以笔者的分析，历史上第一个冲突法范式当属意大利法学家巴托鲁斯的"法则区别说"。该范式使冲突法从专门处理内国纠纷的法律系统中独立出来，成为专门的、在涉外纠纷中具有普适意义的法律冲突处理机制，从而获得广泛支持，促使冲突法领域内法学共同体的形成，推进了冲突法理论的发展。事实上，巴托鲁斯在冲突法历史中能够享有众所公认的崇高地位，不在于他的理论是完美无缺的，而在于他完成了冲突法从前范式时期到范式时期的过渡，使冲突法初步具有了完整的理论形态，并使冲突法或国际私法真正成为一个相对独立的法学学科。以"法则区别说"作为第一个冲突法范式，围绕该范式，冲突法经历了历史上的第一个常规科学时期。而法则区别说之前的有关法律冲突问题的思想发展，均可归为冲突法的前范式时期。在这一时期，出现了一些朴素的冲突法思想和初步的法律选择规则，其中的一些理论对巴托鲁斯范式的形成有着重要的影响。

第一节　冲突法的前范式时期

所谓"前范式时期"是指大多数学科的早期发展阶段。按库恩的看法，这个阶段是以许多不同的自然观不断竞争为特征的，在这一时期，科学领域内尚不存在可被普遍接受的共同信念——范式，也因而不存在基于范式而形成的科学共同体。库恩对前范式时期的描述很符合冲突法早期发展的状况。

在巴托鲁斯的"法则区别说"出现之前，法律冲突的现象就已经存在了。随着手工业、商业和贸易的发展，人员的跨地区和跨国的流动和交往也日益增多，这不可避免地会带来不同地区和不同国家在涉及民商事务的法律之间碰撞和冲突。在商贸交往频繁的国家和地区，针对含有异邦人或异族人的法律纠纷也曾出现过一些特定的处理方式。这些处理方式中逐渐产生出朴素的冲突法意识，其中有些思想意识能够为冲突法的形成提供技术上的启发，即这些处理方式未必属于冲突法本身，但有可能对日后冲突法的形成具有借鉴的意义。有些则经由"法则区别说"的承认和吸收而得以延续，成为冲突法系统的一部分。但总的来说，在前范式时期，有关法律冲突的司法实践尚未上升到理论化、系统化的程度，呈现出极大的随机性，也没有出现能够占据统治地位、获得较为广泛支持的理论。对于法律冲突的解决，不同的国家、民族"面临着同样范围的现象，尽管通常不都是完全相同的现象，但却以不同的方式描述和诠释它们"[1]。

---

[1] ［美］托马斯·库恩：《科学革命的结构》，金吾伦、胡新和译，北京大学出版社 2003 年版，第 15 页。

一、前范式时期涉外纠纷的法律实践

就冲突法本身而言，它的前范式时期最早可追溯到罗马法。罗马帝国不仅是欧洲法律理论的发源地，而且由于它的疆域的扩大和商业的不断发展，也是最早涉及法律冲突问题的国家。早在公元前 3 世纪罗马共和国时期，罗马就制定了市民法和万民法，其中市民法亦称公民法，仅适用罗马公民内部，贯彻一种属人主义原则；万民法则专门适用于罗马公民与外来人以及外来人与外来人之间关系的规范。万民法的产生显然是罗马公民与外来人之间关于适用法律的矛盾日益突出的结果。由于市民法的属人主义原则与这些新出现的并且不断发展着的法律关系不相适应，为了调整罗马人与外来人以及外来人与外来人之间的关系，罗马帝国设立了外事裁判官，根据“公平”、“正义”的原则断案，这样就创立了一套与市民法不同、专门适用于罗马公民与外来人以及外来人与外来人之间财产关系的规范即万民法。不过，尽管看起来万民法调整的是本国人（罗马人）与外国人（异邦人）以及异邦人与异邦人之间的民事关系，但对于当时强盛的罗马帝国而言，外国人与罗马人的区别在于血统的贵贱，而非国家对个人的政治统摄关系。不管是罗马人还是外国人都是古罗马治下之人，市民法与万民法的区分更像国内法学部门的区别，并非真正意义上的冲突法。但尽管如此，万民法依然是最早解决涉外纠纷的法律，因而可以说是冲突法的前身。

公元前 476 年，西罗马帝国被日耳曼各部落联盟灭亡之后，原帝国领土上建起了一些所谓“蛮族”① 国家，主要有西哥特王国、法兰克王国和东哥特王国等。各王国在适用法律时实行属人主义，即对本族人实行原有习惯法，对被征服的罗马人则仍实行罗马法。而在日耳曼人中，各部落习惯法也只适用于本部落成员。这一时期历经 400 多年，被称为“极端属人法时代”或“种族法时期”。在这个时期，无人认为自己种族的法律应该及于外族人，因此，虽有涉外案件的发生，却无明显的法律冲突。不过，这个时期的属人主义不过是部落社会的习惯法即日耳曼法与罗马人久已习惯的罗马法之间的一种交融和调和，它与社会成员的种族身份的确认直接相关，并不具有冲突

---

① “蛮族”是古希腊、罗马人对其邻近部落的蔑称。

法的意义，因而与后世冲突法理论中的属人主义尚有一定的差别。

到了公元 9 世纪以后，随着欧洲中世纪封建等级制和领主经济的发展以及意大利城市的崛起，西欧法律适用的属人主义逐渐为属地主义所取代。关于这一点，我国学者肖永平和李建忠在《西欧中世纪中期的法律适用问题探微》一文中指出："西欧中世纪之所以会出现法律适用的属地主义，最主要的原因是'特恩权'制度在法兰克帝国的确立。所谓'特恩权'制度，就是指国王在授予大封建主土地的同时，还授予其在领地内不受王权干涉的特权。这一制度的确立意味着法兰克境内的各级封建领主在获得领地的同时，也获得了在自己领地内完全独立于王权的司法行政权和立法权。"① 基于土地权利形成的等级制和基于"特恩权"制度形成的领主对其领地的绝对权力，使中世纪的封建庄园成为一种独立的自治共同体。"由于封建领主在各自的庄园内拥有独立的领主权和司法裁判权，中世纪西欧社会的庄园法只适用于本庄园之内，具有十分明显的地域差异，是一种严格的属地法。"② 与这种庄园法相似的是中世纪西欧的城市法。在公元 10 世纪以后，意大利、法兰西和德意志等地出现了大量的新兴城市。这些城市一般都是通过获得王室的特许权而建立的，享有不同程度的自治权，因而在司法行政和立法方面也可以说是相对独立的自治共同体。特别是在意大利，由于神圣罗马帝国的统治更多只是名义上的，各城市之上没有王权的约束，因而是拥有高度自治权的城市国家或城市共和国。这样，"各城市的法律只能在各自的领域内得到适用，而且在涉及市民共同体内部的世俗事务时，城市法院也通常会排除其他法律体系的适用，就这一特征而言，中世纪西欧的城市法也是一种属地法。"③ 特别是在意大利，由于各城市拥有高度的自治权，其法律就是一种严格的属地主义。可以说，在西欧中世纪中期，由于普遍存在的领主庄园和大量兴起的自治城市拥有高度的自治权，从而使法律适用的属地主义占据优势地位。

① 参见肖永平、李建忠：《西欧中世纪中期的法律适用问题探微》，《河南省政法管理干部学院学报》2008 年第 1 期。

② 参见肖永平、李建忠：《西欧中世纪中期的法律适用问题探微》，《河南省政法管理干部学院学报》2008 年第 1 期。

③ 参见肖永平、李建忠：《西欧中世纪中期的法律适用问题探微》，《河南省政法管理干部学院学报》2008 年第 1 期。

　　值得注意的是，尽管在中世纪法律适用的属地主义由于庄园和新兴城市的高度自治而居于优势地位，但不能说属人主义完全销声匿迹。在这里应当提到的是中世纪欧洲的商人法。在欧洲中世纪的鼎盛时期，随着农业文明和手工业的发展，商业贸易也迅速繁荣起来，由此推动了商人阶层在规模上的扩大和在经济实力上的增强。商业贸易是一种追求商业利益的经济活动，对商业利益的追逐使这种经济活动在本能上要求打破地域界限和国家界限而实现贸易自由。虽然，在中世纪封建国家、地方领主和自治城市都曾对商业阶层和商业活动进行限制以保护本国和地方的利益，但商业活动的本性却始终构成了对这种地方保护主义的挑战。到了 11 世纪以后，大规模的跨地区乃至跨国的贸易市场开始在西欧国家中形成。这使得跨越地区乃至跨越领土的商业活动空前地活跃起来，相应地也使商人阶层成为独立的社会阶层，当然也使跨地区、跨国的商事争议日益频繁。起初商业活动受到领主特权的限制，在法律上也受地方性习惯法的制约。在商事纠纷中，地方领主法庭为了自身的利益，或者为了维护领地内商人的利益，很难平等地对待本地商人和异地商人，因而也很难保证商事裁决的公正性，这无疑阻碍了商业活动的发展。这样，经过商人阶层与封建领主之间的长期博弈，"在如何公平地解决商事争议的问题上，商人们最终摆脱了封建领主控制，建立起自主的商人法院来解决商事争议。在这个自己组建商人法院进行商事审判的过程中，中世纪西欧的商人最终形成了一个自治的社会共同体（商人阶级），并将具有地域性的商事习惯整合成一个普遍适用于商人自治共同体的商人法体系。"[①] 这种商人法仅适用于商人阶层，从某种程度上说具有明显的属人性质。对于考察冲突法和冲突法范式的形成来说，中世纪商业法具有特殊重要的意义。这不仅是因为商业活动本身所面临的涉外纠纷最多，因而迫切需要一整套解决涉外纠纷的法律机制，更因为商人法的属人性实质上是对属地主义的一种挣脱，它表明，在封建王权和地方领主特权的统治下，只有商业活动具有打破属地主义的限制给涉外纠纷的法律处理机制带来革命性的变化。

---

① 参见肖永平、李建忠：《西欧中世纪中期的法律适用问题探微》，《河南省政法管理干部学院学报》2008 年第 1 期。

总体来说，在冲突法前范式时期，中世纪的欧洲呈现的是教会法、封建法、王室法、庄园法、城市法和商人法多元并存的状态，虽然这些法不同程度地都包含着对涉外纠纷的解决机制，但并不存在独立意义的冲突法，而涉外纠纷的法律解决也不过是表现为这些国内法、地方法或习惯法的延伸。在这个时期，法律适用的属人主义和属地主义与后来冲突法范式中的属人主义和属地主义有着根本的区别。按我国学者蒋新苗的看法，"国际私法适用的前提是多个法律能否在适用上发生竞争关系或出现冲突"①，也就是说，国际私法或冲突法存在的根据是涉外案件中法律选择的考虑。而前范式时期的属人主义和属地主义本质上显然并不具有冲突法的性质。中世纪早期的属人主义主要与部落社会的种族身份有关，从某种意义上说，这是国家意识不够成熟的表现。中世纪中期的属地主义则是领主庄园和城市共同体的高度自治的产物，在涉外问题的处理上，它们基本上不考虑外国法或外族法对本国或本族人的适用。只有中世纪晚期的商业贸易活动、商人阶层和商人法最有可能成为孕育冲突法的摇篮。

相比之下，中国古代社会对于涉外纠纷的司法裁决，倒更有几分冲突法的意义。如唐朝时期是我国封建社会发展最为强盛的时期，国家经济实力强大，政治上也比较开明、宽容并充满自信。因而对外经济、政治和文化交流非常发达，商业贸易活动也达到了空前繁荣的程度，以丝绸之路为代表的各种贸易通道的建立和拓展，规模庞大的商品贸易市场的形成，吸引了众多"化外人氏"进入大唐做生意或前来"朝贺"，这当然也就带来了越来越多的涉外纠纷。为此，唐朝统治者在《永徽律·名例》中做出如下规定：诸化外人同类自相犯者，各依本俗法；异类相犯者，以法律论②。《唐律疏议》对此作出相应的法律解释："化外人，谓蕃夷之国别立君长者，各有风俗，制法不同。其有同类自相犯者，须问本国之制，依其俗法断之。异类相犯者，若高丽之与百济相犯之类，皆以国家法律，论定刑名。"③意思是说：外国人，自有他们的君国家园，各有各的风俗，法律也不一样。来自同一个国家的人

① 蒋新苗：《国际私法本体论》，法律出版社 2005 年版，第 7 页。
② 转引自蒲坚：《中国古代法制丛钞》（第二卷），光明日报出版社 2001 年版，第 193 页。
③ 参见刘俊文校点：《唐律疏议》，法律出版社 1999 年版，第 144 页。

互相侵犯，就按他们自己国家的法律处置；不同国家的人互相侵犯，比如一个高丽人和一个百济人互相侵犯，就按照大唐的法律处理。由此可见，当时的唐朝，不但对法律冲突有明确的认识，而且确立了明确的处理机制。更重要的是，这个法律规定明显具有法律选择的意识，并在一定程度上认可了外国法律的适用，因而初步具有冲突规则的性质。但令人遗憾的是，这种可贵的冲突法意识在中国漫长的历史中只是昙花一现，没有发展起来。这当然与中国的商品经济最终没有摆脱自然经济的束缚而成为发达的市场经济有关。这也从一个侧面说明，只有交换手段充分发达的市场经济才是孕育冲突法的现实土壤。

二、前范式时期冲突法思想的萌芽

尽管在中世纪的欧洲并没有产生严格意义的冲突法，但面对大量的涉外纠纷，一些有着远见卓识的法学家也在思考新的法律解决方案，并由此形成了一些具有冲突法意义的法律思想。这些思想对巴托鲁斯提出"法则区别说"起到了重要的启发作用，其中的一些主张甚至沿用至今。

当代德国法学家沃尔夫在他的著作《国际私法》中认为，第一位具有国际私法意识的人是阿尔德里古（Aldricus）。这个人在 12 世纪末就曾提出："如果属于几个不同省份的人们在审判员面前涉讼，而这几个省份又有不同的习惯法的时候，就发生审判员应该适用哪个省份的习惯法的问题。"[①]这个观点初步觉察到了法律冲突和法律选择问题，表现出向冲突法的接近。但阿尔德里古提出的解决方案是审判员在选择法律时应适用更好或更为有效的习惯法。这个方案由于未能真正解决选择标准问题而无法得到贯彻和广泛的认可。

除阿尔德里古外，13 世纪意大利法学家 J．巴尔多纽（Balduinus）针对涉外案件的处理，首先提出"场所支配行为"的思想，即认为法律行为方式应由行为地法来决定。在这个基础上他还对程序法与实体法进行了区分，认

---

① 参见［德］马丁·沃尔夫：《国际私法》，李浩培、汤宗舜译，法律出版社 1988 年版，第45 页。

为程序法应适用于法院地国进行的一切诉讼，实体法则应视条件而定①。这无疑已经具有了法则区分的观念，巴尔多纽对于实体法如何适用没有提出具体的规则，但程序法与实体法的区分的确是为合理适用外国法做出的准备。与"场所支配行为"观点相接近的还有亚古瑟斯（Accursius）提出的法院地法优先的观点，即认为涉外民商事案件的审理应适用该案件法院所在地的法律。这些思想都对巴托鲁斯的冲突法思想产生了直接的影响。至今依然可以在冲突法的司法实践中看到"场所支配行为"思想的踪迹，而程序问题适用法院地法更是自冲突法产生以来就从未受过质疑的规则。

在巴托鲁斯之前并对巴托鲁斯"法则区别说"产生直接影响的还有伯奇帕奇（Belleperche）和沙林（Salins）关于"人法"和"物法"的区分。伯奇帕奇在巴尔多纽区分程序法与实体法的基础上，按照罗马法的分类，提出实体法也应一分为二，即分为"人法"和"物法"，其中"人法"的适用可以不受地域的限制，而"物法"的适用则要受地域限制。法国法学家沙林还提出了区分人法和物法的标准。但是他们进行法则区分的目的在于强调物法在领地范围内的绝对适用，至于境外的人和物，则受共同法（Jus Commune）支配②。这实际上是将法院地法视为共同法中的特别法。在他们看来，由于有共同法的存在，在涉外纠纷的法律适用上不会存在法律冲突问题。因而他们的法则区分并不属于冲突法思想。

总体来说，中世纪晚期，意大利等地城市国家的兴起和地中海沿岸商业的发展的确推动了法学的进步。随着城市国家之间商贸往来的日益扩大，跨地区、跨国家的民事纠纷也日益增多。由于各个自治城市都有自己的法律，在民事纠纷的解决中就难免出现法律冲突。而法律适用的属地主义倾向使各城市国家均希望维护本城邦法律的效力，坚持自己的法律在自己领土内的绝对适用。显然，继续奉行这种极端属地主义的观点，就不能保证商业、民事交流的稳定进行。要保证商业贸易和民事交流的畅通发展，客观上必然要求形成能够有效地解决涉外民商事纠纷的新的法学思想和法律规范。在这一大背景下，以上述思想为代表的早期的冲突法思想萌芽破土而出，出现了群星

---

① 参见李双元：《国际私法（冲突法篇）》，武汉大学出版社 2001 年版，第 73 页。

② 参见蒋新苗：《国际私法本体论》，法律出版社 2005 年版，第 17 页。

灿烂的景观。但上述这些冲突法思想无论在司法原则上，还是在对法律规则的理解上都存在着很大的差异，在思想内容上也缺乏完整性和系统性。因而，这些冲突法思想在当时虽然产生较大的影响，但其中每一个都不具有普遍的适用性，也很难得到广泛的认可。这恰如库恩所描述的所谓"前范式时期"。而冲突法本身作为处理法律冲突的司法原则，客观上要求形成完整的、规范的并能够获得广泛支持的理论和方法来指导法律选择，并结束在法律冲突方面出现的思想混乱。正是在这种背景下，"法则区别说"应运而生，它标志着冲突法走出前范式阶段。

第二节　冲突法的第一个范式：巴托鲁斯的"法则区别说"

按照库恩的观点，理论成为范式需要具备两个因素：其一，能够提供一套切实可行的规则与范例，使通过对范例的模仿，能够解决（或至少让人有理由相信能够解决）学科领域中的大部分问题；其二，能够在学科共同体中获得广泛的支持与认可。14世纪意大利法学家巴托鲁斯（Bartolus，1314—1357）提出的"法则区别说"可以说基本上满足了"范式"的这两个基本条件，因而在众说纷纭的法学思想中脱颖而出，成为历史上第一个冲突法范式，同时也标志着冲突法的诞生。正如我国著名法学家韩德培先生所评价的那样："法则区别说作为国际私法的最早形态像颗新星出现在意大利北部城邦的上空。"[①]

一、"法则区别说"的理论内容

意大利法学家巴托鲁斯因其提出的以"法则区别说"为核心的冲突法思想而被公认为冲突法的开创者，或"国际私法之父"。但对他的理论，国内

[①]　韩德培：《国际私法新论》，武汉大学出版社2005年版，第87页。

学界的研究并不充分。目前，我们在国内能够看到的巴托鲁斯的法学著作，仅有英文版的 *Bartolus on the Conflict of Laws*（《巴托鲁斯论法律冲突》）一部。而国内研究巴托鲁斯理论的作品少之又少，大部分有关国际私法的教材对巴托鲁斯理论的评介也相当简短。概括起来说主要有如下几方面内容①：

首先，巴托鲁斯对法律冲突和法律适用的研究，集中于两个问题：其一，一个城邦的法则能否适用于立法者领域内非属该领域之事物；其二，一个城邦的法则效力能否延伸到立法者领域之外。因此，巴托鲁斯第一次提出法律的域内域外效力问题。其次，"法则区别说"作为最早的法律适用理论，解决法律冲突的方法是将法则分为"人法"、"物法"和"混合法"，其中主要是人法与物法的区分，区分的标准是通过法则的语法结构确定主语，如果主语的性质是人，则属于人法，如果主语的性质是物，则属于物法。人法具有域外效力，物法没有域外效力。最后，巴托鲁斯还提出了一些重要的冲突规范，比如：人的权利能力与行为能力适用属人法；侵权、合同纠纷适用场所支配行为原则，但合同的效力应区别当事人预期的效力和因法律而产生的效力，分别选择准据法；遗嘱适用遗嘱订立地法，但订立遗嘱的能力适用属人法；不动产适用物之所在地法；程序适用法院地法；令人厌恶的法则（Statuta odiosa）不具域外效力等。②

国际私法教科书一般也都介绍了后世学者对巴托鲁斯理论的批评。其中特别是他以语法结构为标准区分法则的方法被讥讽为"文句区别说"③。最常用到的例子是"英国人遗产案"。该案假设一个英国人死亡并在意大利留有遗产，对于遗产继承，英国法规定"长子继承"，意大利法规定"诸子均分"，如何处置意大利的遗产？根据巴托鲁斯的理论，英国法则如果表述为"遗产归长子继承"，则主语为"遗产"，属于物法，不具有域外效力；如果表述为"长子继承遗产"，则主语为"长子"，属于人法，具有域外效力。后世学者

---

① 主要参见韩德培：《国际私法》，高等教育出版社 2004 年版；屈广清：《国际私法》，厦门大学出版社 2007 年版；屈广清、陈小云：《国际私法发展史》，吉林大学出版社 2005 年版；李双元：《国际私法（冲突法篇）》，武汉大学出版社 2001 年版；李浩培：《李浩培文选》，中国法制出版社 2000 年版；蒋新苗：《国际私法本体论》，法律出版社 2005 年版。

② 参见蒋新苗：《国际私法本体论》，法律出版社 2005 年版，第 18 页。

③ 马汉宝：《国际私法总论》，（中国台湾）台北汉林出版公司 1982 年版，第 250 页。

认为这种做法太过牵强，因为"从根本上讲，一切法律关系都是人与人的关系，在现实生活中并无纯粹关于物和纯粹关于人的'法则'"①。"因为许多法律关系既包含有人的因素，又包含有物的因素，很难按'人法'、'物法'的框框去套用。"②

上述对巴托鲁斯理论的归纳在其基本要点上当然没有什么大的问题，但寥寥数语的概括却使读者很难窥其全貌，更难以做出深度分析和准确的评价。巴托鲁斯被誉为"国际私法之父"③、"近代国际私法基石的奠定者"④ 和"国际私法学之鼻祖"⑤，在他身后七百余年，他的"法则区别说"的理论意义却又变得相当模糊，学者们一方面肯定它的开宗地位，一方面又将它淹没在各种各样的批评中。然而，为什么巴托鲁斯的法则区别说能够统治国际私法界长达数百年，并且尽管在巴托鲁斯之后出现众多优秀的理论、思想，但仍被称为"法则区别说"时代？这一学说为什么能够吸引那么多优秀的法学家对其进行补充、完善和发展？这样的问题至今尚未得到合理的解答。连美国著名法学家比尔（Beale）教授都认为法则区别说"令后世学者历经五百余年仍未琢磨透"⑥。这样的问题的确很有挑战性，本章试图运用库恩的范式理论对此作出尝试性的解答。

二、作为冲突法范式的"法则区别说"

巴托鲁斯开拓法律选择理论的成就是不能被掩盖的，他的"法则区别说"用独具匠心的理论给当时法则适用混乱的意大利及其周边各国带来了不可否认的作用。然而，一个理论能被称为范式，决不仅仅因为它出现在合适的时机，而是因为该理论能为其后的学术研究指明道路——让学者们意识到应该

---

① 韩德培：《国际私法新论》，武汉大学出版社 2005 年版，第 87 页。

② 张潇剑：《国际私法学》，北京大学出版社 2000 年版，第 64 页。

③ 李双元等：《中国国际私法通论》，法律出版社 2003 年版，第 50 页。

④ 梅仲协：《国际私法新论》，（中国台湾）台北三民书局 1982 年版，第 28 页。

⑤ 梅仲协：《国际私法新论》，（中国台湾）台北三民书局 1982 年版，第 28 页。

⑥ Clive M. Schmitthoff, *A Textbook of the English Conflict of Laws*, Sir Isaac Pitman & Sons Ltd., 1945, p.16.

向着哪个方向、用什么方法和解决哪些问题。范式确立的核心规则和对规则的应用方式可以供其后的追随者效仿并据此在领域的未知现象中展开研究；范式确立的符号、概念、公式、定理是足以让研究者支撑起研究的表达方式和仅供共同体内部交流的话语体系；而从范式的具体规则中得到体现的价值取向和形而上学理念将随着理论被接纳为范式影响到整个学科共同体。从范式理论的框架中考察冲突法的历史，巴托鲁斯的"法则区别说"无疑是冲突法的第一个范式。我们可以从两个方面来分析该学说的范式意义。

（一）"法则区别说"的核心问题、基本思路和形而上学前提

范式的核心规则必然是针对期待解决的核心问题而形成的。冲突法之所以会产生，核心的问题就在于，一旦承认了外国人的民商事地位、允许各国展开民商事交往，伴随着交往而来的、不同国家针对私法关系制定的不同法律规定（法则）之间就会发生冲突。各国一方面均主张本国法律在领地内的绝对效力；另一方面又都希望法律对国民的约束不会因越出国境而被削弱。在这种情况下，倘若固守属地主义原则，仅适用本城邦的法律而视外邦法于无物，必然会对跨国的交往产生阻碍，难以满足人们与外界沟通的要求。同时，促进各国间的交往更有经济利益上的理由，"相互依存和贸易可以使每个人享用更多数量和品种的物质和劳务"①。跨境交往的普遍化客观上迫切需要打破固有的属地主义原则的约束，在不侵害国家权力的前提下促进国家间的交往。以"法则区别说"为标志而出现的冲突法正是为解决这个问题而产生的。因此，即使冲突法理论和实践的发展再丰富，它所处理的基本问题也不会改变，即解决多元法律体系之间的私法冲突。冲突法的范式也必然是围绕法律冲突的解决机制而展开的。

巴托鲁斯的"法则区别说"以疆域为界将可能出现法律冲突的情形分成两类：一类是领域内出现的含有涉外因素的法律纠纷情形；二是领域外与本领域有关的法律纠纷情形。据此，他提出了两个基本问题：一是质问城邦的法则在境内对含有非本城邦因素的法律纠纷的效力；二是质问城邦的法则在境外对含有本城邦因素的法律纠纷的效力。由此可以看出，"法则"是巴托

---

① ［美］曼昆：《经济学原理》，梁小民等译，北京大学出版社 1999 年版，第 59 页。

鲁斯冲突法范式的核心概念。巴托鲁斯构造法律冲突解决机制的基本思路就是从法则出发，探讨法则本身固有的效力范围。

认为法则有固有的效力范围，这种思想倾向源于巴托鲁斯所处时代法学研究的注释法学派传统。所谓注释法学派传统就是主张坚持对罗马法进行注释并使罗马法能够重新得以适用。其中，与法律冲突有关的是对《罗马法典》开篇的一段文字的理解，这段文字是："我们想要生活在圣徒彼得为罗马人开辟的宗教传统中的、受我们仁慈地统治的所有臣民。"意大利注释法学家据此作出推论：既然罗马皇帝只能为其臣民立法，那么意大利城邦的立法权也必须受到同样限制[①]，这就是将本来关于宗教与法律信仰的陈述直接理解为罗马皇帝创造的法对其属民的统摄关系，进而演变为：法律自创设起就具有特定适用范围的思想。这种注释并非是对法律具体适用的解释，而是一种形而上的法学理念，它难以被放到现实中加以检验，但这种思想一经形成，就随着学术研究的延续成为学者开展研究的思想基础和终极根据。暗含在巴托鲁斯"法则区别说"范式中的这一形而上学理念，常被研究者所忽视，但殊不知这正是支撑巴托鲁斯范式的基本前提。

（二）法则区别的具体规定与单边主义的法律适用原则

法则本身具有固有的效力范围只是一种法律理念，巴托鲁斯的创举在于将这种理念与法律冲突的解决联系到一起。在《法律冲突论》中，巴托鲁斯按照前面提出的两个核心问题，将法律冲突的解决分为两个部分来探讨，其一是城邦内的涉外纠纷；其二是城邦外的涉内纠纷。

在城邦内的涉外纠纷中，巴托鲁斯主要是从契约、侵权、遗嘱和物权四个方面进行探讨。[②]

契约：巴托鲁斯将契约问题分为契约形式与契约履行，进而又将契约履行分为方式问题与实质问题。这样他就把有关契约的法律适用划分为如下几

[①]　See Friedrich K. Juenger. *Choice of Law and Multistate Justice*, Martinus Nijhoff Publishers, 1993, p.11.

[②]　以下对法则区别说具体规则的转述均引自 Bartolus, *Bartolus on the Conflict of Laws*, Translated by Joseph Henry Beale, Cambridge: Harvard University Press, 1914。部分转引自黄希韦：《巴托鲁斯冲突法思想考量》，硕士学位论文，中国政法大学，2009 年。

种情况：契约形式由缔结地法支配；契约履行方式由法院地法支配；契约履行的实质问题中契约内容由缔结地法支配；契约过失或延迟履行，有约定的依约定的履行地法，无约定的依法院地法。

侵权：外邦人在本邦内的侵权行为，应适用侵权行为地法。不过，在这里，巴托鲁斯还提出了一个善意性规定：如果外邦人只是短住于本邦，且不知道其行为侵权，且该行为在本邦之外不属于侵权行为，则不应适用本邦法。

遗嘱：遗嘱的形式问题适用遗嘱订立地法，遗嘱订立人的能力适用其本国法。

物权：物之所在地法。

在城邦外的涉内纠纷中，巴托鲁斯采用了更符合他研究习惯的方式，从法则的效力进行分析。他将本邦的法则分为三类：禁止性法则、许可性法则及公法法则。

禁止性法则：这种法则分为三种情况，针对行为的禁止——无域外效力，因为行为依行为地法；针对物的禁止——有域外效力，对物权处理的禁令不因疆域而改变；针对人的禁止——有利的禁止，有域外效力；令人厌烦的禁止，无域外效力。

许可性法则：针对行为方式的许可性法则——无域外效力，适用行为地法；针对行为能力的许可性法则——严格的本国法。

公法法则：主要是指刑事法则和刑事判决，这部分内容与现今国际私法领域相差较大，暂不予以论述。

从上述内容来看，巴托鲁斯"法则区别说"所设定的解决机制，在内容上是相当丰富的。后世学者将他的观点归结为"人法"、"物法"和"混合法"的区别，虽不无道理，但也的确有简单化之嫌。依据上述划分，巴托鲁斯的法律冲突解决机制可以大致概括为如下几条原则：（1）行为适用行为地法（缔约适用缔约地法，履约适用履约地法，侵权适用侵权地法，遗嘱订立形式适用订立地法）；（2）物适用物之所在地法；（3）程序适用法院地法（契约履行方式由法院地法支配）；（4）人的能力适用属人法；（5）善意原则（侵权中相关善意的规定；令人厌烦的禁止等，实际上可以理解为一般规则的例外情况）。

由于巴托鲁斯的上述法则区分包含了对法律关系的分析，因而我国有学者认为，巴托鲁斯的"法则区别说"包含了"法律关系本座说"的萌芽①，因而将巴托鲁斯提出的冲突规范翻译成"契约形式适用契约缔结地法"的形式。笔者认为这个理解是不够准确的。巴托鲁斯从法律关系入手分析法律适用很可能主要是为了行文的清楚与论述的方便，我们甚至可以大胆地猜想，之所以有如此翻译，是因为译者本身受萨维尼"法律关系本座说"的影响，习惯了"本座说"对冲突规范的表述方式。毕竟，国内学者参考的英文版巴托鲁斯《法律冲突论》本身亦是后世学者比尔（Beale）的翻译之作。应该说，巴托鲁斯的思想实质始终是不同的法则适用于不同的范围，如物法和混合法（行为法）具有严格的地域界限，仅适用于法则订立地，但在法则订立地内有绝对权威，具有排他性适用的特征；而人法在属人法的范畴内具有绝对权威。或者说：一国之法则中调整物和行为的规则对其领土范围内的物和行为具有绝对约束力，人法对本国人的身份与能力有绝对权威。况且，"法律关系"是任何法学范式都必然包含的通用概念，哪一种法学范式都离不开对法律关系的分析，但在不同的范式中，这个概念又被不同的范式所界定，具有不同的属性。例如在"法律关系本座"范式中，法律关系居于法律选择机制的核心地位，有详细划分的类别，每类还有固定的"本座"；而在"法则区别说"范式中，法律关系只是一个常用词，只有大致的类别划分，也没有能固定下来的本座。这一点正体现出不同范式之间的"不可通约性"。

详细考察巴托鲁斯的理论，就能发现在"法则具有特定的效力范围"与"用以解决法律冲突"之间有一个重要的思想转变：法则对本城邦人的效力尽管可以随着人的流动而越出国境，但国境之外，这种效力仅在属人法的范围内是绝对的，超过了属人法的范围，法则就不再对本城邦人具有统摄力。按照欧洲长期以来形成的法律传统，所谓属人法的范围是与人的身份、能力、出身（氏族、宗族、国家）等因素有密切关系，因此，关于人的身份与人的能力问题，在巴托鲁斯的"法则区别说"中也属于严格的属人法范畴。也就是说，巴托鲁斯实际上将法律冲突集中在法律对人的适用上，通过将与人有关的法律纠纷划分为属人法与非属人法的范畴，为本城邦法与外城邦法

①　例如黄希韦在中国政法大学硕士学位论文《巴托鲁斯冲突法思想考量》中就得出类似评价。

的效力划定了互不侵犯的界限，而在法律对物和对行为的效力上，巴托鲁斯仍然坚持了绝对的属地性。这样，一方面保证了本城邦法律的权威性没有过多的流失；另一方面又通过属人法的规定在一定程度上实现了对外邦人在本邦内的保护及本邦法律对越出国境的本邦人的基本约束，从而使交流在一定程度上得到保护和鼓励。所以说，"法则区别说"是真正意义上的法律冲突解决机制。

"法则区别说"这种从规则入手，为规则寻找固有效力范围并以此作为解决法律冲突标准的方法被后世称为"单边主义"的方法。瑞士学者维希尔（Vischer）对"单边主义"做了这样的阐述："单边主义的出发点是法院地实体规则的空间或属人的效力范围。单边主义方法不同于多边主义方法，并没有把一类法律问题指引到某个法律体系中去，相反，它集中关注单个法律工作及其内在固有的效力范围……纯粹的单边主义方法基于这样一个假定，即实体规则必然含有特定的空间范围，决定规则适用范围的问题是规则的法律约束力针对的是谁？也就是说，规则为谁而制定？一旦实体规则被认为是具有内在的受限制的适用范围，每个法律体系就必须为它们的法律限定属地或属人的效力范围。"① 因此，笔者将巴托鲁斯范式的核心规则称为单边主义的法律适用规则，是在承认法则本身具有特定的效力范围的基础上，通过划定不同法则的效力范围以实现法律无冲突地适用的法律冲突解决机制。

三、"法则区别说"范式：普遍主义还是特殊主义

后世学者把巴托鲁斯的"法则区别说"定位为一种普遍主义。这个定位是否恰当？要回答这个问题，我们有必要提到库恩范式理论的一个重要问题：范式间的不可通约性或称不可翻译性问题。如前所述，这个问题的方法论意义在于，不能用现在的理论、价值判断和概念体系去理解在以往历史条件下曾经出现过的范式，而是要尽可能地站在当时学者的角度，以当时的经济与社会环境为背景来分析与之相适应的范式。对巴托鲁斯范式的理解正需

---

① See Frank Vischer, "General Course on Private International Law", *232 Recueil des cours* 9, 1992, pp.36-37 .

要这样一种立场。

国际私法中的"普遍主义—国际主义",一般是指这样一种思想倾向或认识视角,即认为冲突规则在全世界各国都应是一致的,具有普遍的效力。国际私法的一些原则是超越于国家之上的,应该由国际法或自然法中推导得出①。与之相对的"特殊主义—国家主义"则是指在解决法律冲突时,更愿意从本国的利益出发,倡导主权优位原则,排斥外国法的选择和适用。我们知道,与"特殊主义—国家主义"相对立的"普遍主义—国际主义"最早是由 19 世纪德国著名法学家萨维尼奠基的②,并在他的"法律关系本座说"中得到阐释。因此,当我们分析巴托鲁斯范式是否为普遍主义时,必须谨慎地考虑这两种范式的差异。

认为"法则区别说"范式具有普遍主义精神的视角主要是基于对巴托鲁斯首创适用外国法之合理机制的肯定,如有学者说:"与先哲相比,巴托鲁斯更胜一筹之处在于,他不再从法院地法是特别法因而存在人身和领土的限制的角度去区分人法、物法,他提出了新的标准,他考虑的是具有人法或物法性质的外国特别法是否可以在法院国适用,显然他是从一种双边的意义上来探讨人法、物法的适用原则。"③但笔者认为,判断普遍主义还是特殊主义的关键,首先不在于是否考虑适用外国法律,没有这个方面的考虑就不是冲突法,如果以此标准定性"普遍主义",无疑所有的冲突法理论都是普遍主义的。

在探讨普遍主义与特殊主义问题上,《中华法学大辞典》中将普遍主义定义为"认为抵触规则应是全世界各国都一致的学说"④。这个定义固然有一定的道理,但应当指出的是,冲突法的出现本就意在协调各国各不相同的法律规范。如果冲突法再因法域不同而各不相同,那对于法律冲突的解决不啻雪上加霜。所以,仅因期待冲突规则的世界一致性就可以定义为"普遍主义",那么所有的冲突法理论都应是普遍主义的,或者至少,从思想倾向的角度讲,理论的提出者在提出理论时都本着普遍主义的期望。

---

① 参见《中华法学大辞典》,中国检察出版社 1996 年版,第 466 页。

② 参见《中国大百科全书》(法学),中国大百科全书出版社 1984 年版,第 459 页。

③ 李双元:《国际私法(冲突法篇)》,武汉大学出版社 2001 年版,第 74 页。

④ 《中华法学大辞典》,中国检察出版社 1996 年版,第 466 页。

更应注意的是，"普遍主义"与"特殊主义"这对范畴指称的是一种精神倾向，属于范式层级中的形而上学部分，因此，不能与具体的冲突规则混为一谈。将冲突法理论落实于实践的，主要是各国国内的立法（当然，也有国际条约）。然而，各国的具体情况是不一致的，不可能指望某个国家为了实现冲突规范的世界一致性而订立出有损本国利益的法律。但如果因此就将冲突法打上"主权优位"、"特殊主义"的标记，那么，除了国际条约，所有的冲突法都是特殊主义的。显然，上述两种情形都片面地理解了"普遍主义"与"特殊主义"，也失去了区分这两种精神倾向的意义。因此，笔者提出，在判断"普遍主义"与"特殊主义"之时，应当立足于理论提出者的实际立场，是否认为冲突法应当超越国家主权而存在①。如此，萨维尼的"法律关系本座说"无疑是"普遍主义"立场的，因为萨维尼从一开始就主张将冲突法定位为"跨国性的普通法"②。而相反，从这个意义上说，始终坚持从法则入手，分析法则固有效力范围的"法则区别说"实际上并没有站在超越国界的立场上看问题，而是始终站在立法者——国家政府的立场上看待法律冲突。

从前文的分析中，我们可以看出，巴托鲁斯始终在追问法则的域内效力与域外效力。尽管在论述国内含涉外因素的法律纠纷情形时，他似乎是从法律关系入手进行分析，但这种分析本身仍是追寻本国法到底在本国境内何时何种情况下具有完整的效力。关于这一点，我们还可以从对巴托鲁斯的法则区分的标准——从语法结构上区分"人法"和"物法"——的分析中得到很好的佐证。

从语法结构上区分属于"人法"还是"物法"，在今天看来确实存在着诸多的问题，后世学者对此作出的批评乃至讥讽并非完全没有道理。但历史地看，这种区分方法也有不可忽视的意义。我们首先应当注意到，法律规范的语法结构并不仅仅是一个语义学的问题，而是包含着一个国家（城邦）在立法过程中对国家利益的考虑，包含着立法的价值取向，并体现出历史文化传统的深刻影响，绝不是对语法结构的随意处置。

---

① 在巴托鲁斯时期，尚无主权概念，但应该说，从法律权威的角度讲，城邦与后世的主权国家并无二致。

② [德]萨维尼：《现代罗马法体系》(第8卷)，李双元等译，法律出版社1999年版，第15页。

巴托鲁斯是后期注释法学派的核心人物，他在从事法学研究的过程中对罗马法的注释做了大量的工作，这一时期或许不能说是立法水平最高的时期，但在对法律条文的钻研、注释和推敲上，却达到了一个极高的程度。在这种背景下成长起来的研究者，必然非常注重对立法语言的考察，而且能敏锐地把握到语法结构细微之处所包含的意义。如我国学者张春良所分析的那样："立法者将主词设定为人性或者物性，显然表达了某一特定法则中人的要素或物的要素更应当被置于优先考虑的地位。"① 就以常被用来批判"法则区别说"的"英国人遗产案"来说，"长子继承死者遗产"所传达的意思是"长者是继承案件中首先需要突出和强调的身份特征，并因为其在家族结构中的象征意义而继承全部遗产"②。这与其说是对财产的划分，不如说是对家庭伦理秩序的维护和长子权利地位的确认，而"遗产由诸子均分"表达出来的含义则不同，它更强调的是对物质财产的处置。因此将前者归于人法，后者归于物法，表现出立法价值取向上的不同，并非完全没有意义。当然，从语法结构上区分法则，的确有形式化和简单化的特征，有可能在遗产继承的法律适用上发生矛盾。但这个矛盾有可能通过调整法则的语法结构予以解决，只不过这个调整不是任意的，而是必然要折射出对一个国家或民族处理此问题的传统价值的认同。可以说，巴托鲁斯的"法则区别说"为高度复杂的法律选择提供了一个简单明了的形式化标准，经过巴托鲁斯最初分门别类的归纳之后，只需要对法则的属性做出不太复杂的判断，就可以指导法律选择。正是因为这一点，他的"法则区别说"才对后世学者有了足够的吸引力，并围绕这个学说形成了一个由众多优秀法学家构成的法学共同体。

更为重要的是，巴托鲁斯从语法结构上区分法则包含着一个十分强烈的意向，那就是挣脱罗马帝国的统治，从法律上为民族国家争取独立的自治地位。严格地说，在巴托鲁斯生活的时代尚不存在近代意义上的国家，整个社会是一种教俗一体的共同体。但随着意大利城市共和国的兴起，朦胧的民族国家意识已然出现，这对教会治权无疑是一种冲击。一方面，神圣罗马帝国始终不肯放弃对各个城市国家的绝对统治；另一方面，各城市共和国争取主

---

① 明辉、李昊主编：《北航法律评论》（2010 年第 1 辑），法律出版社 2010 年版，第 195 页。

② 明辉、李昊主编：《北航法律评论》（2010 年第 1 辑），法律出版社 2010 年版，第 195 页。

权独立愈演愈烈，二者的矛盾几乎达到了白热化的程度。在这种斗争中，法学显然具有特别重要的地位。因为只有在法律上确定城市国家法律的有效性范围，才能真正使城市共和国的自治地位成为现实。以巴托鲁斯为代表的后注释法学派所做的工作正是为了迎合城市共和国的独立自治要求。正如意大利法学家密拉格利亚（Luigi Miraglia）所说："作为罗马法后注释法学家，他们从现实需要出发来注释罗马法，意在赋予城市政权更高的地位。"① 他们的努力不仅是在具体的法律制度上做准备，更是一种意识形态上的转变，即结束神圣罗马帝国至高无上的绝对统治，也就是说，各城市共和国"无论在事实上还是在法律上都不承认还有一个凌驾于它之上的最高权力"② 。但是，结束神圣罗马帝国的绝对统治，不是某一个城市共和国自身的事情，因而一方面要尽可能保证本城市共和国法制的完整性和有效性，另一方面也必须考虑到其他城市共和国有着同样的要求，也就是确认各个城市共和国在政治上和法律上的平等地位。巴托鲁斯的"法则区别说"在当时能够受到欧洲各国法学家的认可，就在于它成功地满足了这两个方面的要求。

"法则区别说"具有两种重要的品质。其一，承认与本城邦处于同一境地的其他城邦，有与本城邦平等的法律地位。唯有在这个前提下，才能保证互相交流与交往的顺利进行，同时，承认与本国境遇相同的其他国家的法律地位，相应地也就是使其他国家承认本国的法律地位。其二，作为处理城邦间私法关系的学说，法则区分必须尽可能地保持价值中立的属性，减少某个学者或某个国家的学者可能出现的主观判断，而是以一种客观、中立的方式理解和解决法律冲突问题。所以，巴托鲁斯选择从语法结构上区分法则，也就是力图在当时十分混乱的法则观念中排除法则区分和法律选择的价值偏好，确立一种中立的甚至尽可能技术上机械的冲突解决机制，最大限度地依靠城邦自身的力量来解决城邦间的法律冲突问题，而不需要诉诸其他的解决方式或解决机构，更不需要诉诸神圣罗马帝国的权威。唯如此，才能真正确立起城市国家的独立自治地位。由此可以看出，巴托鲁斯的"法则区别说"就其

---

① Luigi Miraglia, *Comarative Legal Philosophy Applied to Legal institutions*, New York: Augustus M. Kelley. 1968, p.9.

② 徐大同:《西方政治思想史》（第二卷），天津人民出版社 2006 年版，第 379 页。

承认各个城市共和国的法律具有平等地位而言，确实在形式上表现出普遍主义的特征，但实质上却是以确立和维护城市国家的独立自治地位，维护本国法律的有效性为基本目的，因而确切地说，它是一种带有普遍主义形式的特殊主义。但也正因为如此，它才能够满足当时各个城市共和国独立自治的基本要求，从而被广为接受。如果它真的是力图建立一种凌驾于各国法律之上的普遍的冲突法规则，反而有可能夭折于各个城市国家争取独立自治地位的斗争中。当然，我们也不能忽视"法则区别说"所具有的普遍主义形式，特别是其中对各国法律的平等地位的确认，正是这种形式上的普遍主义特征，为日后实质上的普遍主义—国际主义冲突法范式的形成提供了思想资源。

第三节　"常规科学"时期巴托鲁斯范式的发展

巴托鲁斯的"法则区别说"提出之后，在西欧各国法学界得到了普遍的响应，并围绕"法则区别说"在广泛的意义上形成了冲突法领域的学科共同体，从而使冲突法的研究在"法则区别说"范式的指导下进入库恩所说的"常规科学"时期。当然，范式的确立并不意味着一个学科在一段时间里就可以高枕无忧。根据库恩的理论，一个范式在其成立之初，它的应用范围和精确性两方面都是极其有限的。范式之所以获得了它的地位，是因为它比其他的竞争对手能更成功地解决一些问题，而这些问题又为实践者团体认识到是最为重要的。不过，说它更成功既不是说它能完全成功地解决某一个单一的问题，也不是说它能明显成功地解决任何数目的问题。范式的成功在开始时很大程度上只是选取的、不完备的、有可能成功的预示。因此，在范式确立之后的"常规科学"发展阶段的目的就在于实现这种预示，其方法是扩展那些范式所展示出来的特别有启发性的事实，增进这些事实与范式预测之间的吻合程度，并且力图使范式本身更加明晰[①]。冲突法的发展情况正是如此。

---

① 　参见［美］托马斯·库恩：《科学革命的结构》，金吾伦、胡新和译，北京大学出版社2003年版，第21、22页。

巴托鲁斯创立的"法则区别说"一直延续到 18 世纪末 19 世纪初，在国际私法理论方面居于统治地位达五六百年。意大利的地理位置和发达的国际贸易交流使"法则区别说"能够有条件在欧洲各国得到迅速传播，而接受了这种学说的各国冲突法学者们也在运用自身的聪明才智不断地完善巴托鲁斯范式，产生了许多意义深远的理论成果。在这里，本章重点阐述这一范式在法国和荷兰的发展情况。

一、法则区别说范式在法国的发展

"法则区别说"首先在法国得到传播与发展，这并非是偶然的。15、16世纪，法国的一些学者如让·马朱埃、夏斯纳兹、迪拉科等[①] 在意大利接受了法学教育，在习得法学知识的同时，也接受了"法则区别说"作为冲突法的范式。这也是他们在当时唯一能够获得的一套完整的、理论化的法律冲突解决机制。换言之，在当时还没有其他理论学说凸显出来之时，"法则区别说"的理论体系就相当于冲突法理论体系，有关冲突法的价值取向、精神实质以及冲突法中独特的研究方法都可以从"法则区别说"中体现出来。

在法国冲突法理论的发展中，法国北方的达让特莱（D'Argentre）和南方的杜摩兰（Charles Dumoulin）对"法则区别说"的发展作出了重要的理论贡献。由于他们所处的社会环境、个人的身份地位的不同，以及希望通过冲突法实现的目标不同，两个人都从"法则区别说"出发，但却走向了不一致的道路。

（一）达让特莱对法则区别说的继承与发展

在对冲突法历史的叙述中，将达让特莱与杜摩兰并列于巴托鲁斯之后已成为一种定式。达让特莱通常被视为封建势力的代表、属地主义的坚决拥护者，以便映衬杜摩兰顺应人权对神权的抵抗潮流，主张人文主义思想及其提

---

① 这些学者包括让·马朱埃（？—1449），《司法实践》的作者；夏斯纳兹（1480—1541），艾克斯高等法院院长；迪拉科（1480—1558），巴黎高等法院推事，《普瓦图习惯法》的注释者。

出的"意思自治原则"。然而，笔者认为，从范式发展的角度看，达让特莱是巴托鲁斯范式最坚实的拥护者。他对属地主义的发展，尽管不符合今日学者的价值判断，但对当时的法律实践来说并非只有消极的意义。

达让特莱是 16 世纪法国北部布列塔尼（Bretagne）省的贵族和法学家。该省直到 15 世纪仍是完全独立的公国，1499 年布列塔尼女公爵嫁给法国国王路易十二之后，该省才失去了自治权。1532 年，该省正式成为法国的一部分，然而尚处独立时期时，该省同时受法国与英国的影响。达让特莱的法律思想因而同时受到这两个国家法律传统的熏陶。当时的法国正处于多元私法体系并存的局面，各省均有自己的法律，北方省份实行习惯法，南方则维持罗马法传统[1]。但同时期的英国，已完成了从分散的习惯法到全国通行的普通法的过渡，具有更成熟、更统一的法律体系和法律传统。达让特莱的法律思想更多的是受到英国法律传统的影响。

英国法律传统中最具特色的地方在于它的"自治性"。尽管有全国普遍适用的普通法，但在案件审理的过程中仍然遵循由自由民出席法庭，同类人之间根据本地的习惯法处理案件的原则，如恩格斯所说："英国法律把大陆上那些在君主专制时期已经丧失而到现在还没有在任何地方完全恢复起来的个人自由、地方自治以及除法庭干涉以外不受任何干涉的独立性，即古代日耳曼自由中的精华部分，保存了几个世纪，并且把它们移植到美洲和各殖民地。"[2]英国法律传统的这种自治性倾向给达让特莱的思想打上了深刻的印记。

达让特莱思想体系的核心是将领域内的一切人、物、行为均置于地方习惯法的控制之下，推崇属地主义原则，将属地主义与习惯法系统地结合在一起，并以此作为他解决法律冲突的规则的基础。以达让特莱思想体系为代表的学派有一个著名的法谚："一切习惯都是物的（toules les coutumes sont relles）。"以这个思想为基础，达让特莱认为，法则（法律、习惯法）包括关于人的法则、关于物的法则以及既涉及人又涉及物的混合法则。同时，他

---

[1] See Konrad Zweigert & Hein Kotz, *Introduction to Comparative Law*, Clarendon Press, 1998, pp.76-77.

[2] 《马克思恩格斯选集》第 3 卷，人民出版社 1972 年版，第 395 页。

为属人法做了明确的限定，指出唯有完全不涉及任何关于物的因素，才属于属人法的范畴。因为一旦涉及物的因素，就更接近于"物"的性质，例如，私生子的准正，表面看来是亲权问题，实际上包含着一种对父亲财产的继承权[①]。因此，混合法因为含有物的因素，所以从本质上讲是物法的性质。

有学者指出，达让特莱的观点自身是模糊的。假设这样一种情况，一个人依其住所地法为未成年人，而不动产所在地的习惯法认为他已成年，那么他能否取得不动产？对于这样的问题，法国法学家巴蒂福尔和拉加德评论说，达让特莱的著作《布列塔尼习惯法》"在注释8中对此问题作出了肯定的回答。因为这涉及物的问题。但是……在其注释47中他又做了否定的回答，因为所涉及的是人的一般能力问题，这正是承认他的体系的含糊之处"[②]。这个说法准确吗？库恩在《必要的张力》中曾经说过，要理解旧时的文本，就应该像作者一样考虑问题。"在阅读重要思想家的著作时首先要找出文本中明显荒谬之处，再问问自己：一个神志清醒的人怎么会写出这样的东西来。"[③]笔者认为，像巴蒂福尔和拉加德这样的后世学者，之所以感到达让特莱的理论有"含糊之处"，主要是因为他们已习惯从法律关系的性质入手来分析这个问题，这相当于将这个案件变为这样一个问题：一个依其本国法未成年的人能否依据不动产所在地的年龄规定取得不动产？由于不动产的取得本身是物的取得制度，同时还隐含地包含了对取得人能力的要求，从法律关系来讲，两个层面共同体现在同一关系之中，自然显得模糊了。

然而，达让特莱并不是从法律关系出发，而是沿着巴托鲁斯范式从法则区分入手。按照这个以分析法则性质为先的思维进路，规范人成年与否的法则，必然与规范不动产取得的法则是截然不同的两种法则。前者作为属人法，当然随着人的流动而适用；后者却是包含物的因素的混合法，在立法者的领域具有绝对的效力。所以这个问题在达让特莱看来并不困难，完全可以根据法律的规定来决定。如果法律规定"已满多少岁的人可以取得不动产"，

---

① 参见李双元：《国际私法（冲突法篇）》，武汉大学出版社 2001 年版，第 110 页。

② ［法］巴蒂福尔、［法］拉加德：《国际私法总论》，陈洪武等译，中国对外翻译出版公司 1989 年版，第 314 页。

③ ［美］托马斯·库恩：《必要的张力》，范岱年、纪树立译，北京大学出版社 2004 年版，第 IV 页。

这条规定本身就可以直接在不动产所在地适用；如果法律规定"成年人可以取得不动产"，或"取得不动产须成年"，因为适用此一条法则无法确定能否取得不动产，所以需再考察取得人成年与否的问题，这就是一个纯粹的身份问题了，所以当然按属人法判断。同一个法律现象，可能由很多条规定共同约束，从规则入手的好处就在于只需要逐条分析能否适用即可。

达让特莱的这种法律思想，实际上已触及了对法律背后的利益因素的认识，同时也触及人的行为背后的利益因素。这种认识是非常敏锐的。将"物"的因素置于如此重要的地位，无疑是因为认识到"物"，不仅仅是财产、不动产等财富的外在表现，还是人日常生活、行为的直接决定因素之一。利益冲突是社会冲突的深层原因，而利益直观地表现为对"物"的占有。他的观点，实际上将巴托鲁斯范式中区分"物法"之具体的物，与物的利益因素这一抽象内核结合到一起，将法则分为包含"物"的因素与不含"物"的因素两类，唯有后者可以依附于人而得到域外的适用，前者的适用必须与地域牢牢结合在一起。这可以说是对法则区分标准的发展。在这个物与地域严格结合的基础上，他还提出了自己关于继承的观点，认为所在地不同的不动产继承应分别适用各所在地的法律，而不是追随罗马的"总括继承"（Universal Succession），由一个法律支配全部财产。这一主张直到今天都在实践中反复被应用着。

（二）杜摩兰对法则区别说的继承与发展

杜摩兰（Charles Dumoulin）是法国南部巴黎高等法院的律师和图宾格大学的教授。当时法国的南北部经济发展并不平衡，在北部尚有浓重的封建残余之时，南部已开始了早期的资本主义工业发展。资本主义与封建主义的区别之一，就在于资本主义的工业发展希望尽可能地增加商业交往，扩大市场；而封建主义的经济发展模式则严格地束缚在土地之上。所以反映在对法律期望得到的后果上，达让特莱希望维持法国北部各省的自治权，而杜摩兰则希望尽量消除各省之间的交流与交往障碍。杜摩兰在《巴黎习惯法评述》中提出应当统一法国内部各邦国的法律，这种追求表现在冲突法理论上，就是主张法则区分为人法、物法的同时，尽量扩大人法的支配范围，缩小物法的效力范围，减少法律适用的地域限制。

　　杜摩兰对巴托鲁斯范式最大的贡献是在"法则区别说"范式之下第一次提出"意思自治"的思想。这个思想的起因是在探讨对夫妇的各项财产能否避免分别适用不同所在地习惯法这一问题时，他认为，夫妻财产制应视为一种默示合同，当缔结婚姻之时，可以认为夫妻双方已经将该合同置于其婚姻住所地法的支配之下了①。巴蒂福和拉加德认为，杜摩兰的做法实际上是将夫妻财产制"定性"为契约关系，是冲突法中"定性／识别"问题的一个典型案例。不过他也承认，杜摩兰在合同法律适用上迈出了关键的一步，即将"意愿"因素从合同行为中分离出来并加以突出。

　　实际上，在杜摩兰之前，巴托鲁斯的"法则区别说"中就有类似"意思自治"原则的表述。巴托鲁斯认为契约的延迟履行等问题应当适用当事人约定地的法律。对此，巴托鲁斯还举例说明：佩鲁贾城的法则规定债务的诉讼时效是十年。一个佛罗伦萨人在一个罗马人庭院里借了一百块钱，并缔结契约约定归还地为佩鲁贾。那么，如果佛罗伦萨人十年之内没有任何还钱举动，他的这种迟延履行就导致佩鲁贾法则（诉讼时效为十年）发生效力，罗马人因此丧失债务的法律追索权，因为罗马人没有在合理期限内追索债务，是对佩鲁贾城法则（应当在十年内追索）的违反②。不过，巴托鲁斯的这种观点可以视为"场所支配行为"原则的延伸，之所以佩鲁贾的法则在此处有效，是因为当事人双方将还钱行为的地点定为佩鲁贾，所以还钱的过失和延迟应被视为在佩鲁贾做出还钱行为时的过失与延迟，基于场所支配行为原则，所以佩鲁贾的法则得到适用。

　　杜摩兰的贡献在于将这个案件中的隐藏元素即当事人缔约时的意愿分离出来。仍然用上面的案例为例，使佩鲁贾法则在契约延迟和过失时得到适用的原因，不仅包括行为本应在那里正常地发生，更重要的是在缔结契约之时，当事人以共同的合意选择将契约的履行置于佩鲁贾法则的效力范围之中。所以，真正使佩鲁贾法则生效的，并非作为结果的行为，而是引发这个行为的当事人意愿。在这个基础上，杜摩兰进而指出，如果当事人可以选择

---

① 参见［法］巴蒂福尔、［法］拉加德：《国际私法总论》，陈洪武等译，中国对外翻译出版公司1989年版，第310页。

② 参见黄希韦：《巴托鲁斯冲突法思想考量》，硕士学位论文，中国政法大学，2009年。

适用一个地方的法律，就可以选择适用另一个地方的法律，如果婚姻缔结地法是当事人合意选择用来约束他们夫妻财产制的法则，那么，他们同样可以要求适用另外一种法律[1]。这样，被日后的学者归纳为"意思自治"原则的观念就产生了，也正是因为这个观念，杜摩兰被称为"意思自治之父"，并在冲突法理论界占据重要的地位。意思自治原则直至今日仍是合同领域法律适用的首要原则。

不过，应当注意的是，首先，杜摩兰提出的仅仅是造就后世"意思自治"原则的思想，其目的只是分离出合同法律适用问题中的主观性因素，他并没有提出真正的"意思自治"原则，甚至不能说他有提出"意思自治"原则的倾向；其次，这个意愿因素也并非杜摩兰的首创，他的贡献是将这个因素抽离出来加以突出，而这个因素本身并不与巴托鲁斯的观点相左；最后，在冲突法问题上，杜摩兰仍然坚持法则区分的方法，也并没有提出"意思自治"原则作为他的法律选择规则，相反他仍然很强调法律的作用，认为不是所有事情都能由意愿来解决[2]。因此，将杜摩兰视为意思自治思想的最早提出者可以理解，但不能认为杜摩兰这个思想构成了对巴托鲁斯范式的颠覆。

二、法则区别说范式在荷兰的发展

17 世纪时，冲突法的发展重心转移到荷兰。当时的荷兰，一方面通过航海事业的充分发展建立起与外部世界广泛的联系；另一方面作为最早进入资本主义的国家，荷兰的经济特别是金融和世界贸易发展迅速，已经成功地从一个疆域不大、较为贫弱的小国转变为"世界的运货人、贸易的中间人和欧洲的经纪人"，成为欧洲的经济中心，并且在世界范围内建立起其强大的经济圈[3]。到 17 世纪中期时，通过不断的殖民扩张，荷兰的势力已经遍布

---

[1] 参见 [法] 巴蒂福尔、[法] 拉加德：《国际私法总论》，陈洪武等译，中国对外翻译出版公司 1989 年版，第 310 页。

[2] See Ole Lando, "The Conflict of Laws of Contracts", 189 Recueil des cours 225, 1984, pp.242-243.

[3] 苏威：《简论十七世纪荷兰成为世界经济强国的原因》，《北京商学院学报》（社会科学版）2000 年第 6 期。

世界各地，有能力操作和控制全世界的商业往来①。经济的强盛使荷兰在欧洲成为民事交流和商事往来的首选之地。在这种环境下，法学研究也同样得到了滋养。

不过，荷兰的资产阶级革命在政治上并没有形成权力高度集中的政治国家，国内各省仍享有很大程度上的自治权，各省的法律传统也各不相同。同时荷兰作为新兴资本主义国家，在法律规定上也不同于周边的封建制国家，海外殖民的扩张也带来了众多冲突。这些纷繁复杂的现实问题都对冲突法的发展提出了要求。

还需要指出的是，1625 年，国际公法的创始人格老秀斯在他的著作《战争与和平法》中首次提出了国家主权的概念，这个概念的提出使冲突法学者意识到国家之间立法权力的划分并不能导致各国在具体的案件中承担适用外国法的责任②。这个观念让荷兰学者对为何适用外国法的原因产生了思考，这也成为荷兰冲突法发展的主要方向。其中出现了许多代表人物，包括巴根多斯(Burgundus)、保罗·伏特(Poul Voet) 和约翰·伏特(John Voet) 父子，以及优利克·胡伯(Ulrich Huber) 等，他们的共同努力构成了"法则区别说"中的荷兰学派。

荷兰学派的"法则区别说"主要表现为"国际礼让说"(Comitas Gentium)。这个学说最大的突破在于将国家主权与法律适用联系到一起。例如，巴根多斯指出，每一个独立主权的国家，都必然拥有排除外国法适用的权力，但是为了促进商业交往，可以在与本国主权利益不相违背的基础上，基于礼让，承认外国法的域外效力。约翰·伏特也认为，主权概念本身就意味着排除外国法的适用，因此适用外国法只是例外的情况③。

"国际礼让说"真正集大成者是胡伯，他的论文《论各国各种法律的冲突》④虽然篇幅不长，但全面地阐述了他在法律冲突及法律适用上的根本原则，史称"胡伯三原则"，以及分别从不同领域展开探讨的法律选择规则。

---

① 参见宋则行、樊元:《世界经济史》，经济科学出版社 1994 年版，第 106 页。

② 参见韩德培:《国际私法新论》，武汉大学出版社 2003 年版，第 57—59 页。

③ 参见许洁:《荷兰国际私法发展史研究》，硕士学位论文，大连海事大学，2004 年。

④ *De Conflictu Legum Diversarum in Diversis Imperiis*，参见《胡伯论法律冲突》，转引自梁慧星主编:《民商法论丛》(第 36 卷)，法律出版社 2006 年版，第 470 页。

胡伯三原则内容如下：

1. 各国的法律必须在其境内行使并且约束其臣民，但在境外则无效；

2. 凡居住于一国境内的人，无论是永久居住还是临时居住，都可视为该国臣民；

3. 每一个国家的法律已在其本国的领域内实施，根据礼让，行使主权权力者也应让它在自己境内保持其效力，只要这样做不致损害主权权力及臣民的利益。

这三个原则实际上始终都在回答巴托鲁斯在论述"法则区别说"的一开始提出的两个问题：其一，本城邦的法则能否适用于本城邦的涉外事件。对此，胡伯指出，各国法律均在境内行使并约束其臣民，臣民包括永久居住的和临时居住的；其二，本城邦的法则能否适用于城邦之外与本城邦有关的事件。对此，胡伯指出，原则上不可以，因为法律是主权的产物，主权的属地性决定了法律的属地性，各国的法律均在境外无效。这实际上是否定了法律依本身的性质具有域外效力，但是，在胡伯论述的后半部分，他又指出："某地法律赋予个人的民事身份无论在何地均与之形影不离。这样做的效果是，外地人无论来到何地都与当地同样身份的人享有和适用同样的法律。"① 这实际上并没有否认之前巴托鲁斯和达让特莱的观点，属人法仍然是随着人的流动而能够在国外得到适用的。其目的在于保证国际交往和良好的国际秩序而产生的各国的相互礼让。

然则，正因为这一礼让原则，学界众多学者均认为胡伯及他所代表的荷兰学派已经脱离了"法则区别说"的范畴——"胡伯拒绝人法、物法和混合法的法律分类，试图直接从主权和礼让这两个姊妹观念中推演出冲突法体系"② 。能否下这样的判断？笔者认为这样说法并不妥当。

认为胡伯应脱离法则区别说的根源在于胡伯否认法则依自身的属性（人法、物法、混合法／行为法）具有域外效力。但需要指出的是，这种否认至少在反驳巴托鲁斯上并没有多大的作用。胡伯的逻辑是：法则本身没有

---

① *De Conflictu Legum Diversarum in Diversis Imperiis*，参见《胡伯论法律冲突》，转引自梁慧星主编：《民商法论丛》（第 36 卷），法律出版社 2006 年版，第 470 页。

② Friedrich K. Juenger, *Choice of Law and Multistate Justice*, Martinus Nijboff Publisher, 1993, p.20.

域外效力的原因在于法则是国家主权的附庸，而主权具有严格的属地性，但是法律可以在一定情况下，也就是在"礼让"的原则下在其他国家"保持其效力"。这表明，胡伯并没有否认法则的域外适用，只不过把法则得以适用的原因不是归结为法则本身，而是归结为"国际礼让"的精神。这当然表现出胡伯的思想与巴托鲁斯的区别，但这个区别毋宁说是补充性的或修正性，它仍然以法则区别说为基本的思维框架。它没有改变以法则效力范围为基点的原则，而是回答了为什么某些法则可以在域外适用。"国际礼让说"正是一种理论上的解决方案，使法则能够本着国际礼让精神在域外保持其效力，从现实上讲真正在域外适用的仍然是具体的法则而非抽象的主权。

胡伯这个论证的真正目的在于指明法律与国家主权的关系，并以此为由阐述他的属地主义观点。甚至可以说，他是在阐述巴托鲁斯并没有阐述清楚的那部分内容，即，为什么物法严格遵循属地主义，为什么人法可以有域外效力；以及达让特莱让人诟病的部分，即为什么混合法严格遵循属地主义。这三个问题都由胡伯来回答了：法则本身没有域外效力，这是由主权决定的法则的惯常属性，但是主权在一定条件下会赋予一部分法则在域外保持其效力的能力，原因在于礼让。由此可见，胡伯与巴托鲁斯范式间并无根本的冲突，问题仅在于法则效力范围的来源与域外适用的原因。

总之，之所以说胡伯以及胡伯为代表的荷兰学派仍是"法则区别说"范式下的理论形式，根本原因就在于，胡伯对巴托鲁斯范式的反驳，没有到达最本质的层面。也就是说，在最本质的层面上，他们是一致的，即都是从法则固有的地域属性来分析法律适用问题。"法则区别说"认为法则间地域属性的区别在于"实践中归于不同的类别"，达让特莱在这一点上完全继承了巴托鲁斯的观点，胡伯略有变动，认为法则的地域属性都是主权赋予的，主权在一定条件下会赋予部分法则域外保持效力的能力，而哪部分法则会有这份幸运还是取决于"实践中归于不同的类别"。简言之，巴托鲁斯没阐明的问题是："法则为什么有固有适用范围？"胡伯借助国家主权这个概念对其进行了有效的补充。

以达让特莱、杜摩兰为代表的法国学者和以胡伯为代表的荷兰学者，在巴托鲁斯确立"法则区别说"范式之后，用各自的努力完善和发展了这个范式，提出了一些很有创见性的观点，正是在这些学者的共同努力下，才有了今日所称的冲突法历史上百年法则区别说时期。直到进入 18 世纪，也就是在 400 余年以后，"法则区别说"范式才面临真正的"科学危机"，并导致了第一次"范式革命"。

第三章　萨维尼的范式革命——法律关系本座说

库恩认为，在自然科学中，一旦出现了第一个范式，科学家就永远不会在缺乏范式的条件下工作，因为他不可能一面拒斥范式，一面又仍然是科学家。或许他不需要实际拜入某位教授门下或加入某个学校，但没有人能在不接受任何训练的情况下取得足以改变学科历史的研究成果。如果一切都从头开始，那么在今天看来早已被证明了的那些基础知识就会成为每一代人重新探索的问题，如果真是这样，也许我们直到今天都无可能走出刀耕火种的原始状态。更重要的是，科学理论范式一经形成，就会向人们提供一整套公认的概念和符号系统，这个系统既是对科学对象的属性和规律的形式化表述，同时也是科学家共同体进行相互交流的工具，它使得对那些心想成为科学家的人进行专业训练成为必要。

法学理论的发展也有相同的特征。法学与法律有所不同。由于人类生活必然是一种要求建立公共秩序的群体性或社会性的生活，因而在没有法学理论和法学思想的情况下，一个民族或一个国家也可以通过汲取自身的习俗、习惯、礼仪、道德中的普遍性因素形成属于自己的法律体系，即便在与其他民族或国家最缺乏交流的情况下，每个民族或国家仍然可以有自己的法律。因此，在历史上，不同民族国家的法律千差万别，而不像自然科学规律那样在哪个国家都是基本相同的。然而，法学的发展却不似法律那样可以限定在一国范围之内。法学理论毕竟是法学家和法学家共同体对法律现象、法律问题、法律规则和立法司法过程的自觉的理论探究，包含着对不同国家法律体系的比较，由此揭示其中那些共同的或具有普遍性意义的问题和原则，就同样会形成一整套概念和符号系统。因此，法学理论在其发展中一旦形成了某种范式，这个范式就会成为这个法学共同体的共同财产，并由此进入法学共同体内部的思想传承和思想交流的轨道。后世法学家，如果能够被称为法学家，就不可能抛开这个理论范式另起炉灶，去创造一种法学共同体所不熟悉的语言。这就如同在市场上，他不能用自己创造的货币去进行商品交易一样。当然这不是说，法学的理论范式会永久地束缚法学家的理论创造力，而是说，在法学这个高度专业化的领域，理论的发展乃至范式的革新，只有在这个法学范式遭遇自身无法解决的矛盾和问题时才有可能发生。一旦一种为法学共同体所奉行的法学范式遭遇到这样一些矛盾或问题，这些矛盾或问题又不能通过对这个范式的修补予以解决时，这个范式就进入到库恩所说的"危机"阶段。这个阶段就为法学家的理论创造提供了空前广阔的空间。

第一节 巴托鲁斯"法则区分说"范式的危机

一、"法则区分说"范式的适用性和内在缺陷

法学发展的这一动态过程在冲突法的发展中尤为显著。法律冲突本身就是越出国界的交往所带来的政治文化、生活习惯、民族风俗、交往模式之间冲突的一种集中表现。如果没有规制和协调这些冲突的法律体系，这些冲突就必然会阻碍国家间的交流和交往。一般来说，一个国家在维护主权的意义上，往往倾向于按本国的方式并依本国法律处理涉外纠纷和法律冲突，维护本国法律的完整有效性和本国法律保护下的属于本国的利益，而不愿考虑其他国家法律系统所保护的属于其他国家的利益，正是这样一种情况构成了法律冲突的核心问题。试想，如果涉诉的外国人不希望自己依本国法而得到保护的权利和利益能同样在无此法律规定的国家中得到保护，那就无所谓法律冲突了。不论是外国人的权利和利益要求在本国得到法律上的保护，还是本国人的权利和利益要求在外国得到法律上的保护；都必然面临两国法律的冲

突问题。这表明，处理法律冲突的冲突法的有效性不可能是一个国家自身的事情，它在本性上必然要求得到各个国家的普遍承认，即使在具体操作上有所区别，支撑冲突法核心内容的原则应该具有普适性，否则就不会有域外效力。因此，冲突法必须是一门普适性的法律，失去了这种普适性，也就失去了冲突法有别于内国法的本质属性。问题在于这种普适性应当怎样被建立起来。

巴托鲁斯的"法则区别说"之所以能够成为冲突法的第一个范式，并由此开创了被后世称为国际私法的法律部门，这并不是因为在此之前没有任何解决法律冲突的机制或规则，而是因为这一理论学说最先在国际社会中获得普适性。这种普适性主要不在于形成了普遍适用的法律条文，而在于形成了普遍适用于各个国家解决涉外法律冲突问题的规则。巴托鲁斯之所以从法律规范的语法结构上区分法则，其目的就是要为法律选择或法律适用确立一种形式化的、价值中立的标准。这个标准可以被各个国家简易地采用。此外，如前文所分析的那样，巴托鲁斯范式是一种具有普遍主义形式的特殊主义范式。就其普遍主义形式而言，它包含了对外国法律的平等对待，就其特殊主义实质而言，是为维护本国法律的效力范围。这在当时，迎合了意大利各个城市国家高度自治的政治要求。

但是，巴托鲁斯范式，作为冲突法的第一个范式，在其产生之初就包含着自身难以克服或原则上不能克服的缺陷。首先，单纯从语法结构或文法形式上把法则区分为"人法"和"物法"并由此确定哪种法则具有域外效力，这虽然提供了一种简易的、中性的形式化标准，但也的确模糊了对法律规范的性质的确认。例如，"长子继承遗产"和"遗产由长子继承"这两个法则制约的法律事实在性质上是一样的，但从语法结构上看，前一表述的主语是"长子"，因而可以属于具有域外效力的"人法"，后一表述的主语是"遗产"，因而属于没有域外效力的"物法"，这在法律适用问题上不能不引起歧义。如果试图通过修改法则的语法表述来解决这个问题，这同样会造成不同国家之间在同类问题上的法则冲突，因为不同的国家出于不同的价值考虑或传统因素的影响，会对法则作出不同的修改。这不仅没有解决法律冲突问题，反而有可能成为引起法律冲突的原因。这表明对于那些既包含着人的因素，又包含着物的因素的具体法律规范，仅仅从语法结构上是很难辨识的，甚至可以说，从语法形式上区分"人法"和"物法"本身就是缺乏合理性的。

其次，正如我们在前文中所分析的那样，巴托鲁斯的"法则区别说"本质上是一种具有普遍主义形式的特殊主义，它的立足点不是国际社会，而是民族国家，它的基本目的是确定和维护本国法律的效力范围，它所追问的问题是本国的法律规则哪些拥有域外效力，那些不应有域外效力。这样，当一国法院在处理涉外纠纷时，必然先按照本国规则的语法结构来确定本国法律是否应得到适用，而这样做的结果必然会倾向于维护本国或本国当事人的利益，毕竟，本国当事人相比于外国当事人应该更理解本国法则的内容和含义。所以，这样一种思路，看上去考虑到外国法律的适用问题，但这个适用却是以本国法律为基准的，因而是一种并不考虑本国法律与外国法律之间关系的单边主义。到了19世纪，这种具有单边主义倾向的冲突法策略，依然有被强化的趋势。如19世纪中叶，意大利法学家孟西尼（Pasquale Stanislao Mancini，1817—1888）就在胡伯的"国际礼让说"的基础上提出了外国法适用的三原则：国籍原则、意思自治原则和公共秩序原则。其中的"国籍原则"就是强调国籍是国际私法的基础，也是确定国家法律管辖范围的基础。任何个人都是通过国籍而被承认的，因而个人的权利也是由国籍所属国的法律决定的。所谓"公共秩序原则"，又称"公共秩序保留原则"，它认为外国法的适用不得抵触法院地的公共秩序，而涉及公共秩序的法律包括：宪法、财政法、行政法、刑法、警察和安全法、物权法、强行执行法、道德法、秩序法等①。不能否认，孟西尼的三原则的确在客观上有助于本国法在域外以及外国法在本国的适用，他自己也指出"法院适用外国法，不纯粹是为了保护当事人的既得权利，更不是以礼让或互惠为基础，而是一种国际法上的义务"②。但孟西尼思想的立足点仍在于维护法律对本国国民的约束力，再加上应用广泛的公共秩序原则，可以说孟西尼的思想明显地体现出了特殊主义——国家主义的思想倾向。

尽管存在着上述问题和缺陷，"法则区别说"提出后的400余年间，这

---

① 参见肖永平：《冲突法专论》，武汉大学出版社1999年版，第112、113页。

② 参见李双元：《国际私法（冲突法篇）》，武汉大学出版社2001年版，第127、128页。

个范式还是大致能够满足欧洲各国处理涉外纠纷的需要。这主要是因为，在这 400 年中，资本主义生产方式尚处在孕育发展时期，体现农业文明的自然经济在国民经济中仍然占有很大的比重，虽然殖民地的开拓和对外贸易的发展已经逐渐显示出强劲的势头，但仍然受到封建国家诸多限制。在这种情况下，尽管涉外纠纷越来越多，但在一个国家的法律问题中还不是具有普遍性的问题。当然，随着资本主义生产方式、国际贸易、海外扩张和多种意义上的文化交流的迅速发展，涉外纠纷也越来越多，从而使"法则区别说"的缺陷也越来越明显。这引起了后代法学家对这一范式的修改、补充。这些修改和补充都是在"法则区别说"的问题框架中进行的。例如，达让特莱对人法的严格限制就在一定程度上克服了单纯语法结构区分的模糊性。这些新的理论各有创见，但没有从根本上突破"法则区别说"的范式框架。而且，他们都在区分"人法"和"物法"的思维模式中，不断强化法则基于主权（或立法者权力）而获得的效力范围，从而使法则区别说的特殊主义—国家主义性质变得更加突出。

二、范式危机及其社会根源

400 年后，欧洲社会发生了根本性的变化。18 世纪工业革命的爆发、商品经济和世界贸易的迅速发展、资本主义世界市场的形成，资本的全球扩张，使资本主义生产方式突破了封建统治的束缚成为西欧各国的经济基础。同时，在政治上，时至 19 世纪，荷兰、英国、法国和德国的新兴资产阶级也用不同方式相继完成了资产阶级革命，建立起资本主义国家。这样，西欧各国实现了从以自然经济为基础的、体现农业文明的传统社会向以市场经济为基础的、体现工业文明的现代社会的过渡。这个历史变迁过程，对冲突法的发展来说，最重要的就是资本主义经济在全球的扩张。对于这一点，马克思有一段脍炙人口的描述：

> 资本一方面要求摧毁交往即交换的一切地方限制，夺得整个地球作为它的市场，另一方面，它又力求用时间去消灭空间，就是说，把商品从一个地方转移到另一个地方所花费的时间缩短到最低

限度。资本越发展，从而资本借以流通的市场，构成资本空间流通道路的市场越扩大，资本同时也就越是力求在空间上更加扩大市场，力求用时间去更多地消灭空间。①

正是由于资本的全球性扩张强化了国与国之间经济、政治和文化的交往，同时也强化了它们之间的矛盾和冲突。这些矛盾和冲突不可避免地通过不同国家之间的法律关系表现出来。这不仅使涉外纠纷成为普遍的法律问题，而且，更重要的是，这些纠纷通常会与国家之间的经济、政治和文化矛盾交织在一起，甚至伴随着血与火的冲突。如果说，巴托鲁斯范式的缺陷会随着涉外纠纷的增多而愈益明显，那么，在这个时代，它已经陷入全面的危机。这不仅是因为，在越来越多、越来越复杂的涉外纠纷中，法则区分的模式显得捉襟见肘，无法应对，更因为法则区分范式本身所具有的"特殊主义—国家主义"性质和倾向从根本上就是与资本的全球扩张大势相违背的，因而无法起到协调各国法律关系的作用。

"危机"酝酿着"革命"。在日趋复杂的国际关系面前，冲突法学家日益看清楚，冲突法的根本问题，并不是简单的法则是否具有域外效力和能否在域外适用的问题，而是国家之间的法律关系问题。正如德国学者魏希特尔（Wächter）分析的那样，即使法律都具有强烈的属地性，那么这也不足以使其他国家承担遵守这种法律的义务，更何况，事实表明，一个外国根据国际法取得了在其领域内的立法管辖权，并不能肯定该国必然希望其境内的一切人和物都受它的法律所支配②。"法则区别说"所面对的困境，不是通过细致的修补就能解决的，只有通过理论的革命，为冲突法建构新的思维框架，才有可能带来新生。这场革命在 19 世纪终于发生了，这就是德国法学家萨维尼（F.K.V Savigny）提出的"法律关系本座说"。本书称之为冲突法历史上的第二个范式。

① 《马克思恩格斯全集》第 46 卷（下），人民出版社 1980 年版，第 33 页。
② 转引自马德才：《论萨维尼的"法律关系本座说"在国际私法发展史上的影响》，《甘肃政法学院学报》2001 年第 3 期。

第二节　冲突法的第二个范式——萨维尼的
"法律关系本座说"

　　萨维尼（F.K.V Savigny）是德国柏林大学的法学教授，是历史法学派的代表人物，曾在 1842 年至 1848 年任普鲁士政府的修订法律大臣。萨维尼的基本法学观点是认为，法律如同语言、风俗、政制，具有民族性，属于民族的"共同意识"，是在民族的世世代代的发展中衍生出来的，它随着民族的成长而成长、民族的壮大而壮大。一旦一个民族丧失其个性，这个民族的法也就趋于消逝。法学家虽然有独特的知识，但这些独特的知识仅仅是法的技术成分，而法本身则主要是民族精神的体现，并且作为民族意识是民族共同体的一个部分。法主要体现为习惯法，它是最有生命力的，其地位远远超过立法。法是自发地、缓慢地和逐步成长的，而不是立法者有意识地、任意地制造的。他的这些思想为他创立"法律关系本座说"奠定了观念基础。

　　1849 年，萨维尼出版了《现代罗马法体系》一书。在这本书的第八卷，他提出了"法律关系本座说"。这一学说奠定了他在冲突法理论界的历史地位。可以说，萨维尼的"法律关系本座说"从形而上学基础到冲突法的基本理念，从冲突法的基本价值取向到冲突法的概念和规则，从冲突法的理论规定到冲突法的具体实践，重建了整个冲突法体系。它突破了统治冲突法理论界数百年的"法则区别说"传统，并对现代冲突法理论产生了深刻的影响。它很类似于自然科学史上哥白尼的"日心说"范式对托勒密"地心说"范式的突破。无怪乎西方学者将萨维尼理论对近现代国际私法的贡献称为国际私法上的"哥白尼革命"。[①] 萨维尼也因此被誉为"近代国际私法之父"。而这一切，也只有从冲突法范式革命的意义上，才能予以准确的理解。

---

① See otto Kahn-Freund, *General Problems of Private International Law*, Sijthoff Publisher, 1976, p.98.

一、范式革命的前奏：冲突法理论"问题域"的转变

"问题域"的概念得自于库恩对范式作用机制的描述。库恩指出，必须有不断进行研究的可能才会被称为一门学科。科学研究的前提是始终有未解之谜——换句话说，一旦一个学科不再有这样的谜题了，这个学科也就走向了末路，日后只会作为工具出现。然而，面对错综复杂的经验事实，一个不断进步的学科所遭遇的未解之"谜"，很少有可能只是一个单一的问题，而是通常表现为从大量经验事实中拣选和提炼出的一组问题。这些问题彼此相互关联，呈现出一种结构性的特征，能否成功地解决这组问题对学科范式构成了致命的挑战。当无法解决时，它就会使那种"头疼医头，脚疼医脚"的处理方案完全不能奏效，也使那种仅仅依靠范式的修补来解决问题的做法宣告失败，而必须依据这些问题的性质建立一种新的、具有统摄性的思维原则和观念模式，使这些问题能够在这种思维原则和观念模式中整合起来。按库恩的看法，范式存在的意义就在于通过范式将学科面对的零散的、随处可见的事实区分为能够带来启发性的部分与过于复杂完全不能被理论整合的部分，后者往往会耗费学者大量的精力却得不到有效的成绩。这种区分使研究者能将注意力集中在有限的范畴内，这个范畴内的事实都是有待通过理论去整合的，一旦能被整合成功，就说明该事实被纳入到一套新的理论体系中而得到很好的认识或解决。

"问题域"意味着在一个范式的统治时期内，学科内的研究者到底在从事什么研究，关注什么问题。因此，问题域不仅设定了各学科当前所面临的主要问题，同时也设定了对问题进行追问的方式。这表明，不管每个研究者的具体研究会有多大的差别，"问题域"总是其中的核心。唯有围绕问题域展开的研究，其结果能够得到学科共同体的重视。例如"氧"被发现之后，化学界公认引起燃烧是一种"氧化现象"而非之前所认为的"燃素"。因此问题的追问也就被纳入到如何理解氧化过程的轨道中，若是有人再以"燃素说"为解释框架，就很难得到化学界的支持。从巴托鲁斯"法则区别说"范式到萨维尼"法律关系本座说"范式的转变，首先在于这种问题域的根本性变化。

巴托鲁斯在提出"法则区别说"之始就明确地归纳出法则区别说想要回

答的问题：第一，法则是否能在立法者领域之内约束非属该领域之事物；第二，法则的效力是否可延伸到立法者领域之外。这也就是追问法则的域内和域外效力。显然，不是所有的法则都具有相同的域内和域外效力，因而进一步的问题是，如何区分法则？巴托鲁斯的解决方案是从语法结构出发，把法则语言表述中主语是人的法则归为"人法"，主语是物的法则归为"物法"，进而确定人法具有域外效力，物法的效力则严格受地域范围控制。在这个范式的日后发展中，针对那些既包含人的因素又包含物的因素的法则，达让特莱的补充方案是，不包含任何物的因素的法则属于人法，而包含物的因素的法则均属于"物法"。再进一步的问题是，为什么人法可以有域外效力，或者说，为什么要在域内适用外国法？对此，荷兰法学家胡伯以主权国家之间的"国际礼让"予以解释。可以看出，巴托鲁斯范式在形式上是自洽的，它规制了冲突法问题的思问方式：前提是法则区分，问题是法则的域内域外效力。因此，无论后世学者对这些问题作出怎样的回答，都不会越出这个范式本身。但是，正如本书在前面分析的那样，这个范式存在着自身原则上不能解决的缺陷，它无法应对18、19世纪国际社会重大变化所提出来的法律冲突问题。当涉外纠纷不再是一国法律事务中的特殊情况，而是全球范围内的普遍情况时，巴托鲁斯范式规则的缺陷和特殊主义束缚就被充分放大。如果在这个范式中，按着这个范式的问题域进行琐碎的修补，不仅无济于事，而且会耗尽法学家的时间和精力。这就是说，克服巴托鲁斯范式内在缺陷的唯一途径就是扬弃这个范式，将冲突法问题的思考纳入到新的问题域中。萨维尼以其卓越的才华进行了这项工作。

萨维尼范式对巴托鲁斯范式的反驳首先来自对问题域的不同规定。尽管他承认"实在法的多样性决定了有必要严格划分它的支配范围，以确定不同实在法各自的界限"[①]，但他直言指出："为了解决上述问题，也可运用相反的思维程式"，这种思维程式首先应判断"就法律关系而言，它们应受何种法律规则支配?"[②]也就是说，在萨维尼看来，法律冲突的根本不在于"法则区分"和法则的域外效力，而在于不同国家之间体现于同一法律关系上的法律

---

① [德]萨维尼：《现代罗马法体系》（第8卷），李双元等译，法律出版社1999年版，第2页。

② [德]萨维尼：《现代罗马法体系》（第8卷），李双元等译，法律出版社1999年版，第2页。

间的关系。因此，他反对于他之前盛行的胡伯的"国际礼让说"，因为严格的主权权力必然导致法官只根据内国法审理案件，以此来论证适用外国法的义务是毫无意义的。对此，他主张将"从法律规则各自的支配范围"作为思维起点转化为"从不同的法律关系出发判断受何种法律支配"作为思维起点。因为法律规则的功用最终将作用于法律关系。萨维尼本人并不认为这两种思维程式有着根本的冲突，他说："这两种思维程式的不同之处仅在于它们的出发点不同，问题本身是一致的，解决问题的方式也必定是一致的。"①但殊不知，这种出发点的转变本身已经带来了冲突法问题域的根本转换。

把"从不同的法律关系出发判断受何种法律支配"作为思维起点，冲突法范式的问题域就表现为如下一组问题：首先，什么是法律关系？它有什么属性？依据其属性，具体的法律关系可以归为哪些类别？进一步的问题是，不同类别的法律关系是否具有"共通性"或"本座"？如果有，这个共通性或本座是什么？如何确定？再进一步，某个具体的案件应该属于哪种法律关系？很明显，这个问题域的形成，使萨维尼本人以及接受萨维尼范式的研究者，对法律冲突问题的解答不同于巴托鲁斯及其支持者。他们不再把注意力集中于法则的固有效力问题上，不再回答哪些法则属于人法、哪些法则属于物法，而是将注意力集中在如何更加准确地把握和确认法律关系的共通性上。

二、萨维尼范式的主要内容

（一）确立新的冲突法原则立场：普遍主义—国际主义

从问题域的转换可以看出，巴托鲁斯范式和萨维尼范式最重要的区别在于他们对"法律冲突"的认识不同。在巴托鲁斯看来，法律冲突的原因在于法则效力范围的模糊不清，而模糊的根源在于法则表现形式的多样性和复杂性，因此，他通过提供一种简易的形式化标准来简化对法则的区分并以此厘清不同法则的效力范围。但是这个做法显然忽视了萨维尼所关注的一个

---

① 　[德]萨维尼：《现代罗马法体系》（第8卷），李双元等译，法律出版社1999年版，第2页。

问题，即任何法则都是在漫长的演化过程中形成的，法则的语言表述包含着形成法则的集体意识，这是不能通过语法形式来加以区分和确定的。集体意识本身是复杂而多样的，如果简单地从法则上区分和归类必然会抹杀这种集体意识间的差异性。对此，萨维尼认为，"我们所必须时常注意的法律抵触，与法律的场所不同有关"①，而且由于不同民族之间的长期交往以及基督教的影响，现实中时常发生的法律冲突都源于法律的地域差别，因此，所有可能的法律冲突问题都可以表述为："在任一未决案件中应当适用哪一地域的法律。"②

在萨维尼看来，相互冲突的属地法律既有可能是同一国家内不同地域之间的法律，也有可能是不同的独立国家之间的法律③。他把同一国家内的不同属地法称为"特别法"，当它们之间发生冲突时，萨维尼认为，一般规则是，适用范围最狭窄的法律通常具有优先权；唯一例外的情况就是，比其适用范围更广的法律包含有绝对的、强制性的特别规定④。

对于不同国家间法律的相互冲突，萨维尼表现出与巴托鲁斯完全不同的立场。巴托鲁斯的"法则区别说"，归根到底是以民族国家（或城市共和国）为本位的，虽然提出平等适用外国法律的观念，但基本目的是维护城市共和国的自治权及其法律的效用范围，因而本质上是一种"特殊主义—国家主义"模式。萨维尼的"法律关系本座说"则不同，他是以"国际社会"为本位，认为"在现代的立法和司法实践中并不存在一个只维护立法者自己的绝对权威的原则，而是存在一个法律共同体的倾向，因此，对于存在冲突的法律案例的处理，应该根据案例本身的性质和要求，适用国际社会存在的普遍共同体法来进行处理，而不管国家和法域的限制"⑤。唯有如此才能防止把外国人排除在法律保护之外，不然，在萨维尼看来，无异于回归到罗马法时期罗马人针对帝国人民的状态。

---

① [德]萨维尼：《现代罗马法体系》(第8卷)，李双元等译，法律出版社1999年版，第9页。
② [德]萨维尼：《现代罗马法体系》(第8卷)，李双元等译，法律出版社1999年版，第9页。
③ [德]萨维尼：《现代罗马法体系》(第8卷)，李双元等译，法律出版社1999年版，第61页。
④ [德]萨维尼：《现代罗马法体系》(第8卷)，李双元等译，法律出版社1999年版，第12页。
⑤ [德]萨维尼：《现代罗马法体系》(第8卷)，李双元等译，法律出版社1999年版，第71页。

　　总的来说，世界各国和整个人类的共同利益决定了各国在处理案件时最好采取互惠原则，并坚持本国市民和外国人之间的平等原则。这一平等原则的充分发挥不仅会使外国人在每一个特定国家都跟其本国国民一样（这里包括待遇平等），而且对于存在法律冲突的案件，不管它是在这一国家还是在那一国家提起，其判决结果都应该一样。①

　　因此，萨维尼所主张的冲突法在本位上是超越了国界的跨国性的普通法，唯如此，才能对解决法律冲突问题具有"真正的便利"②。显然，萨维尼从根本上改变了冲突法问题的"世界观背景"，把冲突法问题的思考和追问置于全新的世界历史视角中，这就使他最终突破了历史上形成的"特殊主义—国家主义"原则，而确立起"普遍主义—国际主义"原则。

　　有人认为，萨维尼的学说不过是反映了后起的德国资产阶级企图与其他国家分沾国际经济利益的强烈愿望。这种阶级分析，当然不能说毫无道理，但是把萨维尼确立起来的这种普遍主义的、国际主义的冲突法原则归结为这种浅近的政治目的是十分不公允的。毋宁说，这个原则是历史进步趋势在一个伟大的法学家头脑中的反映，它的影响力也绝不仅仅属于那一个短暂的时代和那一个国土面积并不很大的欧洲国家。

（二）法律关系本座说的立论基础和基本理念

　　以国际社会为立足点，本着平等互惠的原则，考虑内国法律和外国法律在处理涉外纠纷中的适用问题，就必须找到法律适用的根据。这一部分内容构成了萨维尼范式的核心内容。从《现代罗马法体系》（第8卷）的逻辑结构来看，萨维尼的着眼点首先在于支配人的法律领域。"在审理案件时，对不同实在法的冲突，应由与当事人具有法律关系的法律来解决"，而"支配人的法律，根据很久以来承认的规则，应由地域而不是出生来决定"③。就

---

① ［德］萨维尼：《现代罗马法体系》（第8卷），李双元等译，法律出版社1999年版，第14页。
② ［德］萨维尼：《现代罗马法体系》（第8卷），李双元等译，法律出版社1999年版，第15页。
③ ［德］萨维尼：《现代罗马法体系》（第8卷），李双元等译，法律出版社1999年版，第21页。

此，萨维尼将支配人的法律与地域因素联结起来，在这个基础上，他进而提出"人"与"地域"联系的基础，即籍贯和住所。并据此将理论引入对"管辖权"问题的讨论，指出："一个人在每一个城邦都可以作为被告，只要在该城邦他因出生或因住所而具有市民身份的资格。"①并认为在住所与籍贯两个标准中，住所更具有优先性，"原告也必须为了自己的利益，选择住所地法庭来提起诉讼，因为被告在其住所地法庭应诉更为容易和方便"②。

但是，仅仅对支配人的法律和管辖权问题进行探讨，是不足以解决法律冲突的。"寻求确定一个人从属于特定本地法以及其与该特定地域之间的联系的法律原则……仅仅构成了解决我们这些问题的基础，其本身并不是一种解决方法。为了解决这一问题，仅仅认识到人是抽象存在的还远远不够……还应该从其他的角度来考虑这一问题，从获得权利及拥有权利应该服从各种法律的权威这一角度来考虑这一问题。"③。

法律冲突总是基于权利而产生，而在《现代罗马法体系》（第8卷）中萨维尼指出：

> 人和权利客体都要从属于某一特定有效规则体系；……人使自己扩展进入人为世界。人寻求统治各种事物，因此来到这些事物的所在地，进入外国的法域。这对于不动产而言最为常见。不动产的所在地不具偶然性也不可改变；但是，对于动产实际上也是一样的。通过契约方式，某人寻求控制他人的行为，或使自己的行为服从于他人的意志。通过家庭，他缔结特定的生活方式；而且由此也在许多方面触犯他最初单纯的个人权利，有时是自愿的，有时则迫不得已。从上述可见，适用于特定情况的法律规则首先且主要取决于某人附属于特定地域的法律。④

---

① ［德］萨维尼：《现代罗马法体系》（第8卷），李双元等译，法律出版社1999年版，第41页。
② ［德］萨维尼：《现代罗马法体系》（第8卷），李双元等译，法律出版社1999年版，第42页。
③ ［德］萨维尼：《现代罗马法体系》（第8卷），李双元等译，法律出版社1999年版，第60页。
④ ［德］ 萨维尼：《现代罗马法体系》（第8卷），李双元等译，法律出版社1999年版，第5、6页。

此时，权利中的人仅与特定的场所及特定法的地域相联系，所以判断并解决法律冲突必须注意到不同情形下产生的各种法律关系，并在这一基础上"去为每一种法律关系寻找一个确定的'本座'"①。为此，萨维尼提出了他的解决法律冲突问题的基本公式："为每一种法律关系找到其在本质上所归属的地域"②，也就是找到每一种法律关系的"本座"之所在。他所说的"本座"就是将法律关系与特定地域联系起来的连结点。

萨维尼同时认为，确认法律关系在本质上所属的地域无论是对于同一国家内部的地域法之间的冲突，还是对于不同国家地域法之间的冲突都同样适用③。既然每一法律关系按其本身的性质必定有其"本座"，那么只要找出法律关系的本座在哪个国家，就可径自适用这个国家的法律，而不必计较这个法律是内国法还是外国法。这就是在客观上将本国法与外国法置于平等的地位。唯如此，在法律理念上才符合萨维尼的普遍主义倾向。

特别值得注意的是，萨维尼对"法律关系本座"的确定，体现出一种强烈的人本主义精神。这种人本主义精神同样构成了他的"法律关系本座说"理论的形而上学层面。与"法则区别说"范式以法则为核心不同，萨维尼理论的立足点始终在于法律纠纷的直接参与者——人的因素。他认为，"法律规则最初的直接适用对象是人：首先，人的一般品性决定了他是所有权利的主体与核心，而且，也正是由于人在许多极为重要场合下的自由行动，产生了或帮助产生了法律关系。"④与此相应，萨维尼理论对地域的关注也源于人与人之间关系的变化。他指出，人是以某种纽带聚集在一起而为相同的实在法所支配，这种纽带开始是人的种族性或民族性，后来逐渐演化为国家或属地性，而之所以发生这种变化是因为属地性原则"与外观可认知的事物相联系，即可以察觉的地理分界；而且，人类选择对其适用的影响比对民族性的影响更为广泛、直接"⑤，同时，随着时间的推移和文明的进步，不同民族之间的交往更加多变、更加主动，这就使民族性之间的悬殊差异必然为之消

① ［德］萨维尼：《现代罗马法体系》(第8卷)，李双元等译，法律出版社1999年版，第61页。
② ［德］萨维尼：《现代罗马法体系》(第8卷)，李双元等译，法律出版社1999年版，第61页。
③ ［德］萨维尼：《现代罗马法体系》(第8卷)，李双元等译，法律出版社1999年版，第61页。
④ ［德］萨维尼：《现代罗马法体系》(第8卷)，李双元等译，法律出版社1999年版，第6页。
⑤ ［德］萨维尼：《现代罗马法体系》(第8卷)，李双元等译，法律出版社1999年版，第9页。

除①。正因为人们更为一致地受同一个地域的法律的约束，法律的一致性更多地体现在地域上而非种族上，法律间的冲突也逐渐开始与法律的场所不同有关，萨维尼才确立了他解决法律冲突的基本理念：既然法律冲突与法律所属的地域有关，法律冲突的解决实际上就可以归纳为"在某一特定情况下何种地域法可以适用"②。因此，尽管萨维尼的"法律关系本座说"与巴托鲁斯的"法则区别说"均有浓厚的地域属性，但二者的形而上学倾向却截然不同。萨维尼理论中的地域因素是人借以在某种程度上摆脱主权束缚的途径：一旦人因为特定的法律关系而与特定的地域产生联系，这种关系应该优先于人本身所属的地域与人之间的联系；而"法则区别说"的地域因素则是以主权者（立法者）为本位，确定主权权限划分的途径。不同的立足点使这两种理论分别呈现出淡化国家主权与强化主权权力的不同思想倾向。这也正是笔者为何指称萨维尼"法律关系本座说"范式在形而上学层面以普遍主义精神冲破"法则区别说"范式的特殊主义实质的原因之所在。

（三）法律关系本座说的具体规则

经过理论上的概括和总结，萨维尼将法律关系划分为以下几类：人的身份、物权、债权、继承权、家庭关系以及法律行为，根据不同的分类分别确定了不同的法律适用规则。其中，基本规则如下：

1. 人的身份。包括人的权利能力和行为能力均统一适用当事人的住所地法。唯有两种例外情况：一是关于当事人身份的法律属于强行法时，如基督教法官不会给予多妻制法律保护，此类行为能力问题将适用基督教法官所在地的本地法；二是某些情况下处理的事情与权利能力和行为能力无关，如贵族阶层在获得不动产或继承时享有某些特别的权利，并非权利能力问题，而是具体的法律规则的规定。③

2. 物权。"物权客体是由感觉来感知的，并占有一定的空间，因此它们

---

① [德] 萨维尼：《现代罗马法体系》（第 8 卷），李双元等译，法律出版社 1999 年版，第 7—9 页。

② [德]萨维尼：《现代罗马法体系》（第 8 卷），李双元等译，法律出版社 1999 年版，第 9 页。

③ 参见 [德] 萨维尼：《现代罗马法体系》（第 8 卷），李双元等译，法律出版社 1999 年版，第 74—93 页。

所在的空间场所自然是它们所参与的每一法律关系的本座。"①物权关系适用物之所在地法源于当事人的自愿服从，因为"一个人为了取得、拥有或行使对物的权利，他必须到物所在的场所，对于这种特定的法律关系，他自动地使自己服从于约束该地域的本地法"②。"唯有所有权的取得及处分自己享有所有权的财产的能力由其本人或另一人住所地的本地法，而不是物之所在地法来判定，因为这些能力中的每一种能力仅是一般权利能力和行为能力的一个特定方面，因此与人的身份有关。"③

3. 债权。由于债权通常是"无形的"、"必然与两个不同的人相关"，还常常产生"互有债务"，所以很难确定债的本座④。但应注意，"任何债都产生于有形的事实，而且也是通过有形事实来履行的，这二者都必定会在这个地方或另一个地方发生。因此我们可以选择债的发生地或债的履行地来确定债的本座和法院"⑤。二者之间，"债的发生……本身是偶然的、瞬时的，与债的实质及其进一步的发展与功效无关"⑥，而债的履行则将"以前为当事人自由选择的某些事情，现在转变成某种必然的事情——在此之前不确定的事情变成确定的事情"⑦，因此应将债的履行视为债的本座。

4. 继承权。继承关系的本质在于财产所有权人死亡时将财产转移给他人，意味着人的权利的人为扩张，因而是一种权利能力的问题，所以继承事项受被继承人死亡时之住所地的地域法支配⑧。

5. 家庭关系。家庭关系主要在于婚姻关系与父权问题。前者的本座应是

---

① [德]萨维尼：《现代罗马法体系》(第8卷)，李双元等译，法律出版社1999年版，第93页。

② [德]萨维尼：《现代罗马法体系》(第8卷)，李双元等译，法律出版社1999年版，第93页。

③ [德]萨维尼：《现代罗马法体系》(第8卷)，李双元等译，法律出版社1999年版，第100页。

④ 参见 [德] 萨维尼：《现代罗马法体系》(第8卷)，李双元等译，法律出版社1999年版，第110、111页。

⑤ [德] 萨维尼：《现代罗马法体系》(第8卷)，李双元等译，法律出版社1999年版，第113页。

⑥ [德] 萨维尼：《现代罗马法体系》(第8卷)，李双元等译，法律出版社1999年版，第113页。

⑦ [德] 萨维尼：《现代罗马法体系》(第8卷)，李双元等译，法律出版社1999年版，第114页。

⑧ [德] 萨维尼：《现代罗马法体系》(第8卷)，李双元等译，法律出版社1999年版，第160页。

丈夫的住所地，因为丈夫是一家之长。后者的开始和消灭适用当时父亲的住所地法，以此产生的世袭财产关系适用问题产生时父亲的住所地法①。

6.法律行为。法律行为以行为地为本座。这是对"场所支配行为"原则合理性的肯定和继承②。

一般情况下，本座地的法律应该得到适用，不过这一规则也有限制，其例外包括两种情形：其一，存在强行性的实在法，或者"用某种固定的规则来追求正义……只是为了保护所有者的利益"；或者"它的实施不仅仅是为了保护所有者的利益，还具有自己的道德基础"③；因此在适用上应取决于内国法院的认可和判断。其二，由于对外国法律制度的完全无知，也无法在本国法院对其进行保护。

除此之外，萨维尼还探讨了另外一个虽则不同但却类似的问题，即法律规则有发生变化的可能。为此，萨维尼分析了法律规则支配法律关系的时间范围问题。他根据法律规则的不同内容将法律规则分为两大类型：一类关于权利的获得（acquisition of rights）；一类关于权利的存在（existence of rights）④。前者的基本原则同一般性的理念相同，即新法不得溯及既往和新法不得影响既得权⑤。后者的基本原则则正好相反，即新法具有溯及力和新法影响既得权⑥。因为大多数此类法律均具有严格实在法和强制法性质，例如废除农奴制、废除什一税等，"从根本上讲，它超越了纯粹法的范畴，而与道德的、政治的、经济的动机和目的相连"因此应当"拓宽其权利和

---

① 参见［德］萨维尼：《现代罗马法体系》（第8卷），李双元等译，法律出版社1999年版，第176—188页。

② ［德］萨维尼：《现代罗马法体系》（第8卷），李双元等译，法律出版社1999年版，第190页。

③ ［德］萨维尼：《现代罗马法体系》（第8卷），李双元等译，法律出版社1999年版，第19页。

④ ［德］萨维尼：《现代罗马法体系》（第8卷），李双元等译，法律出版社1999年版，第203页。

⑤ ［德］萨维尼：《现代罗马法体系》（第8卷），李双元等译，法律出版社1999年版，第207页。

⑥ ［德］萨维尼：《现代罗马法体系》（第8卷），李双元等译，法律出版社1999年版，第283页。

效力范围"①。

应着重指出的是，萨维尼范式的规则体系同样贯彻了人本主义精神，这主要表现为对当事人意志的尊重。他说："适用于法律关系的本地法在很大程度上受到有利害关系的当事人的意志的影响，尽管这种影响不是没有限制的，但当事人确实可以自愿地选择服从一种特别法。这种自愿服从还表现在对于某一种特定的法律关系，当事人可以选择服从对其有管辖权的法院。"②他一再地强调正是由于当事人具有这种主动的意愿，才愿意跨越地域的范围，将自己置于另一种法律约束之下，所以法律关系本座所在地，就是当事人自愿服从的所在地，例如"对于在外国获取不动产的场合，当事人完全有权拒绝在外国取得不动产，但是，他一旦在外国取得了不动产，他就要服从不动产所在地的法律"③；又如，"后续婚姻的准正④由结婚时父之住所地法支配……（因为此类子女的权利）不仅完全取决于子女之生父是否与生母结婚的自由意志，而且甚至在其缔结此种婚姻的情况下，也取决于生父是否承认子女的自由意志"⑤。因为"非婚生子女之父亲在结婚前可以独断地选择对子女不利的住所"⑥等。因此，萨维尼的理论愿意承认当事人明示选择的法律的适用⑦，并特意指出"我们必须记住，法律规则都是为当事人所制定的，当事人的现实利益就是法律的公正目标的体现。因而当事人的利益不应该屈从于法律规则的统一性和一致性"⑧。

---

① ［德］萨维尼：《现代罗马法体系》（第 8 卷），李双元等译，法律出版社 1999 年版，第283 页。

② ［德］萨维尼：《现代罗马法体系》（第 8 卷），李双元等译，法律出版社 1999 年版，第 61 页。

③ ［德］萨维尼：《现代罗马法体系》（第 8 卷），李双元等译，法律出版社 1999 年版，第 62 页。

④ 指非婚生子女出生后，再经由父母结婚而获得婚生子女的地位。

⑤ ［德］萨维尼：《现代罗马法体系》（第 8 卷），李双元等译，法律出版社 1999 年版，第184 页。

⑥ 转引自［德］萨维尼：《现代罗马法体系》（第 8 卷），李双元等译，法律出版社 1999 年版，第 184 页。

⑦ 但对缺乏明示选择或默示的选择，及毫无联系的意思自治（autonomy），萨维尼持非常谨慎的态度。参见［德］萨维尼：《现代罗马法体系》（第 8 卷），李双元等译，法律出版社1999 年版，第 62、63 页。

⑧ ［德］萨维尼：《现代罗马法体系》（第 8 卷），李双元等译，法律出版社 1999 年版，第64、65 页。

第三节 "法律关系本座说"的贡献及其对后世的影响

一、"法律关系本座说"的范式意义

冲突法的萨维尼范式即"法律关系本座说"给冲突法带来了全新的发展。从某种意义上说，萨维尼的理论使人们更清楚地认识到国际私法的实质，即法律关系问题或法律冲突问题，而非单纯的法则效力问题。因而它能够在法则区别说统治国际私法理论达数百年之后，给国际私法带来根本性的变革，这个变革既体现在有关冲突法的原则立场上，也体现在冲突法范式的规则内容上，同时也体现在方法论意义上。

从规则内容上讲，萨维尼断然抛弃了"法则区别说"范式延续了数百年的以法则为规则起点的方式，转而从法律关系的性质入手，这显然比"法则区别说"范式更符合实践的需要，在法律冲突的解决上，也更能满足实际情况的需求。同时"法律关系本座说"为冲突法的规范化做出了伟大的贡献，也为冲突法立法提供了可以现实模仿的范例，这些都极大地推动了冲突法的繁荣，也因此使"法律关系本座说"居于冲突法理论中的超然地位。

具体说来，"法律关系本座说"范式在规则内容上的突破主要有以下两个方面：

其一是"连结点"或"连结因素"的出现，为法律选择问题提供了确定的标准，从而将法律冲突的解决简化为一个并不困难的过程：定性法律关系——找出本座——法律适用。为了恰当地找出连结点，萨维尼详细地论述了不同法律关系在属性上的差别，因此可以说，萨维尼范式提供的解决思路在每一个步骤上都基本不会引起歧义。这恰是对"法则区别说"范式的突破。从"英国人遗产案"就可以发现，"法则区别说"理论对于涉案当事人而言是十分模糊的，如果不对法则有详细的理解，普通人不可能明了同样的法律事实，为什么换了一个国家就具有不同的性质。相反，"法律关系本座说"

基本上为法律事实确定了严格的类别属性[①]与固定的连结点，大大减少了法律冲突解决的困难。

其二是"系属公式"的出现促进了冲突法的规范化与冲突法立法的繁荣。"法律关系本座说"对法律关系性质的钻研使一些合理化的法律冲突的解决方式逐渐固定下来，形成一些解决法律冲突的原则，将这些原则公式化就形成了冲突法中的系属公式。系属公式的出现，不但为同类法律冲突的解决确定了固定的系属（即指法律关系应适用的法律），而且为冲突规范的形成创造了可以模仿的形式，从而促进了冲突法立法的发展。19世纪中叶以后，很多国家的国际私法立法都表现出对萨维尼学说在立法、司法实践中的延伸。在萨维尼提出"法律关系本座说"之前，国际私法立法已经有了一定的进展。其中最具代表性的是1804年的《法国民法典》以及荷兰、罗马尼亚、意大利、葡萄牙、西班牙等国先后颁布的一些零散的国际私法规则。但是这些法规，特别是《法国民法典》主要是依据"法则区别说"建立国际私法规则，而且，这些国际私法规则一般都包含在普通民法的规则体系中，不具有独立性。"法律关系本座说"提出之后的同个世纪，1896年德国颁布了《德国民法施行法》，两年以后，也就是在1898年，日本明治政府参照德国法律制度也颁布了《日本法例》，这是两部单行的国际私法法规，标志着国际私法作为相对独立的法律体系的诞生。第二次世界大战以后，国际私法呈现出蓬勃发展的景象，奥地利、联邦德国、前南斯拉夫等近20个国家相继颁布和实施了国际私法法规或法典，这使得国际私法在国内立法方面进入成文立法的兴旺阶段，并使单行法规成为国际私法立法的主要形式。而且，各国的国际私法规则普遍采取"……（法律关系），适用……的法律"这样的形式，由此可以看出"法律关系本座说"的深刻影响。

我们知道，法律和自然规律不同，自然规律存在于自然过程中之中，它从来如此，也不会发生变化，所变化的只是我们对自然规律的认识。而法律

---

① 尽管确有情况指出萨维尼对法律关系的定性并不尽然，如某人违反允诺不与他人结婚，一些法律认为是违约，一些认为是侵权，而另一些法律则认为无错，在这种案情中，法律关系的"本座"就很难确定（参见林欣、李琼英：《国际私法》，中国人民大学出版社1998年版，第13页）。但应该说萨维尼本人的理论已经涵盖了冲突法实践中的绝大多数情况。从另一个角度讲，这也是范式需要不断完善、修正的属性之表现。

规则与其所调整的社会生活关系来说，社会生活关系是第一位的，法律规则是第二位的，社会生活关系决定法律规则。然而，社会生活总是处在历史变化过程之中，社会生活的变化就在客观上决定了法律规则的变化。这一点，在国际私法中表现得更为明显。正是由于18、19世纪欧洲资本主义的发展给整个国际社会带来了翻天覆地的变化，才使得巴托鲁斯的"法则区别说"根本无法应对涉外纠纷或法律冲突的普遍性和高度复杂性，同时也使以萨维尼为代表的新的冲突法理论应运而生。通过我们对萨维尼规则的概要性介绍，也可以看出，萨维尼范式从法律关系本身的性质和分类出发确定应予适用的法律，显然比"法则区别说"更准确地反映了涉外民商事法律冲突的本质，它的理论内容也尽可能地反映了现代社会涉外关系的各种复杂情况，因而它创立了一种至今仍有影响的更客观、更先进的法律选择方法，较之"法则区别说"具有更为普遍的适用性和合理性。

从形而上学倾向上讲，萨维尼范式以国际社会为视角，为冲突法真正确立了"普遍主义—国际主义"原则。冲突法学界一般认为，萨维尼的"法律关系本座说"是从特殊主义"回复"到普遍主义。这个看法是以确认巴托鲁斯范式为普遍主义为前提的。但依本书分析，巴托鲁斯的"法则区别说"，实质上是一种带有普遍主义形式的特殊主义—国家主义。这一学说在后世的发展只不过使这种特殊主义实质更加公开直白。因此，不存在一个从普遍主义到特殊主义的转变，萨维尼也不是"回复"了普遍主义，而是在冲突法历史上第一次真正地从实质上确立了普遍主义—国际主义。严格意义上说，这也不是完全出于萨维尼本人的才智，而是18、19世纪国际社会的重大变化为他提出这种普遍主义原则创造了历史条件，而他也的确成功地把握了这个历史机遇。关于这一点，萨维尼本人也是很清楚的，他说："对于罗马人来说，对不同的实在法之间的冲突大致相同的处理方式，导致在主权国家之间存在一个共同法这样的观点，是不可能知道的。而在现代。我们注意到，由于国家间关系的蓬勃发展，对这种原则的需要会使其得到承认和发展。"① 笔者宁愿相信，巴托鲁斯的法学智慧绝不低于萨维尼，但他所处的社会境况不

---

① ［德］萨维尼:《现代罗马法体系》(第8卷)，李双元等译，法律出版社1999年版，第15、16页。

可能使他提出实质意义上的普遍主义—国际主义原则。他能够使它的特殊主义带有普遍主义的形式，就已经富有时代的超越性了。

冲突法中的特殊主义思路的着眼点是主权国家，而非整个国际社会，强调维护主权的利益以及本国法的权威，因此特殊主义倾向的冲突法理论总是在为外国法的适用找理由（如礼让、既得权等），这实际上是把适用外国法看作是一种"特例"。从维护国家主权和独立来说，这种特殊主义当然是有其合理性的，但是如果它忽视或否认了国际社会对普遍主义和国际主义的要求，将其片面地发展为一种单边主义，那么它本身就有可能是引起法律冲突的原因，至少不利于国际民商事关系的进一步发展。萨维尼的"法律关系本座说"在新的基础上为国际私法确立了普遍主义或国际主义路线，他本着互惠的原则，主张平等地对待内外国人和平等地对待内外国法律，为此在《现代罗马法体系》（第8卷）的前言中他就明确地批判了与此相对立的狭隘的民族主义观点，指出："如果采用突出的民族主义是当今的时尚之一，那么在一个根本目标在于消除公认的相互往来的国家组成的国际社会内民族差别的学科内，这种时尚是没有立足之地的。"① 而唯有与之相反，才能真正有利于国际社会的交往。

在这个基础上，萨维尼进一步指出，平等地对待内外国人和内外国法律要实现的目标是"不仅使外国人在每一个特定国家都跟其本国国民一样（这里包括待遇平等），而且对于存在法律冲突的案件，不管它是在这一国家还是在那一国家提起，其判决结果都应该一样"②。故而萨维尼实际上是明确地提出了对判决结果的确定性、国际一致性与可预见性的价值追求。这一追求不仅成为后世学者发展"法律关系本座说"理论的首要价值标准之一，并由此明确地规划了此后冲突法理论的发展趋势，而且从更实质的意义上讲，确定性、一致性和可预见性的价值标准，为冲突法的发展描绘了一个美好的前景。萨维尼本人的理论成果，使冲突法界看到了这样一种希望：即使在主权国家之间存在法律冲突的情况中不能找到一个最高权威，但冲突法仍有可能

---

① ［德］萨维尼：《现代罗马法体系》（第8卷），李双元等译，法律出版社1999年版，前言第2页。

② ［德］萨维尼：《现代罗马法体系》（第8卷），李双元等译，法律出版社1999年版，第14页。

像国内法一样获得形式上的公正与实质上的便利。正因为如此，"法律关系本座说"才能获得广泛的推崇与认可，得以成为冲突法的第二个范式。

二、"法律关系本座说"范式对后世的影响

萨维尼的"法律关系本座说"之所以能够成为冲突法的新的范式，不仅因为它颠覆了旧有的"法则区别说"范式，而且因为这种新的理论能够更好地解决越来越多的法律冲突现象，并且为冲突法将来的发展指明了方向，实现了国际私法方法论上的彻底革新，开辟了整个国际私法领域的新天地。它赢得了广大冲突法学者的拥护，并围绕这个范式形成了新的法学共同体，促使该范式在法学共同体内部得到不断的充实与发展。无论是在大陆法系中还是在英美法系中，冲突理论的发展都显现出萨维尼范式的决定性影响。及至当代，萨氏学说的影响都十分明显，绝大多数学者都直接采取萨维尼的分析方法，将法律关系置于首要考虑的位置。萨维尼"法律关系本座说"理论的历史性突破无疑使冲突法理论前进了一大步，其意义不仅限于萨维尼的时代，而且深刻地影响着后世冲突法理论的发展，可以说推动了整个国际私法发展的进程。

萨维尼的学说在德国占据优势地位达四五十年之久，对其他国家的冲突法理论和司法实践也产生了极为重要的影响。后来的"法律关系重心说"、"最密切联系说"都在理论上与这一范式相关。而且，如前文所述，该学说通过对大量案件事实的分析，归纳出各种不同的法律关系应接受何地法律的约束，详尽、细致地阐述了之所以这样判定的理由。萨维尼的分析几乎涵盖了私法可能出现的各种法律关系，力求使每一个案件都能找到自己所属的类别并相应地得到应适用何地法律的建议。这无疑是一个巨大的、卓有成效的工程，为许多国家开展国际私法的国内立法提供了思想资源、精神动力和可操作的方法，这在法律发展和变革中的贡献可以说是里程碑式的。

不仅如此，"法律关系本座说"所体现的普遍主义和蕴含于该学说的"确定性"、"一致性"和"可预见性"等价值追求也掀起了近现代国际私法统一运动。如1877年利马会议制定了《建立国际私法统一规则条约》、1928年和1939年南美会议制定和修改了《国际民法条约》等一系列单项公约议定

书；1928 年泛美会议制定了《布斯塔曼特法典》。1893 年，荷兰政府接受法学家阿色（Asser）的建议，邀请欧洲 14 个国家协商统一欧洲国际私法事宜，并举行了第一届海牙国际私法会议。这一国际私法会议更是以"法律关系本座说"所追求的国际主义和平等互惠原则为基础和目标，逐渐从区域性的组织发展壮大，并于 1951 年召开的第七届会议上通过了《海牙国际私法会议章程》，使其成为一个常设性的国际组织。在海牙国际私法会议的各届会议上，法学家们将世界不同法系、不同国家的国际私法规则加以比较和考虑，由此创制出能够被广为接受的国际私法制度，通过了包括国籍、外国人民事地位、婚姻家庭、继承、物权、交通事故、产品责任、国际民事管辖权、司法协助等 40 多个统一的国际私法条约，推进了国际私法的国际化进程。总之，在国际民商事交往日益发达、国际经济全球化、一体化的时代，萨维尼谋求私法国际化、追求判决的一致性和稳定性的普遍主义思想的确引导了冲突法国际化的历史潮流，也符合国际私法调整跨国民商事法律关系所要达到的目标[1]，即通过不管案件在何国审理，都会得到同样的结果，实现判决结果的一致性、可预见性从而消除法律冲突的影响。从这个意义上讲，萨维尼功不可没。

　　当然，萨维尼"法律关系本座说"范式也存在着一些值得重视的问题。其中最重要的一个是，它所倡导的"普遍主义—国际主义"虽然引导了国际私法的发展潮流，并且至今仍然是国际私法的重要考量，但也的确在一定程度上忽视了主权国家在法律选择方面的特殊利益或"政府利益"。总体目标的正确在高度复杂的国际交往中并不自动地带来司法实践的合理性。这就正如德国法学家沃尔夫所说的那样："萨维尼不能指出解决法律冲突的道路，而只能指出解决冲突道路的方向。"[2] 萨维尼范式片面地坚持理想化的普遍主义，并由此形成了比较僵化、比较封闭的规则体系，难以适应不断变化着的国际环境和司法实践。到了 19 世纪末 20 世纪初，随着国际交往的日益频繁和涉外法律关系的日趋复杂化，萨维尼的冲突法范式的这些缺陷也逐渐显露出来。其中的关键问题是，在现实的冲突法司法实践中很难遵循普遍主义的

---

[1]　参见徐冬根：《国际私法趋势论》，北京大学出版社 2005 年版，第 222 页。

[2]　参见韩德培主编：《国际私法新论》，武汉大学出版社 1997 年版，第 63 页。

思路，价值理念上的超国家法、各国法的平等地位与现实中平等地适用外国法之间很难协调，不可避免地会遇到诉讼成本、语言障碍、外国法的查明等一系列适用外国法上的障碍性因素，正是由于将这些现实因素加以考虑，才使得冲突法在日后的发展中再次出现背离普遍主义的思想倾向，并遭遇到与之对立的特殊主义的强烈反弹。

第四章　美国的"冲突法革命"与
"最密切联系原则"

　　萨维尼"法律关系本座说"范式所侧重的"普遍主义—国家主义"原则的确主导了冲突法或国际私法的国际化趋势，在推进冲突法的统一化、集中化的发展趋势中发挥了十分积极的作用。但是，问题的另一方面是，萨维尼范式也的确在一定程度上忽视了主权国家在法律选择方面的特殊利益或"政府利益"的考虑。这样，片面地坚持国际主义的理想化标准，几乎不可避免地会导致"特殊主义—国家主义"思想倾向的反弹。这个反弹有着深刻的社会历史背景。

　　自 16 世纪以来，随着资本的全球性扩张和世界市场的形成与发展，主导世界经济全球化和一体化的主要力量是资本的力量，而资本在其本性上就是通过自由竞争和自由贸易而谋求资本利润的最大化。这样一个客观的发展过程必然包含着相互矛盾的两方面思考：一方面，资本的全球拓展客观上要求打破贸易壁垒，拆除各种意义上的地方或国家的保护主义限制，以保证世界贸易的自由发展。这方面的思考倾向于加强各个国家之间的交流与合作，并在这种交流与合作的基础上建立起统一的、为各国共同认可的规则体系，以减少由于各国法律体系的相互冲突而带来的贸易摩擦和交往障碍，最大限度地在政治上和法律上实现国际公正。另一方面，对资本利益的追求又不可避免地使每一个国家倾向于把维护和发展本国的特殊利益作为参与世界交流与合作的基本目的，并力求使本国的利益或者能够在全球经济中占有优势地位，如发达国家或发达国家的联盟；或者力求能够使本国的利益摆脱发达国家的牵制，如所有发展中国家那样。这方面的思考倾向于加强国家的主权能力，维护本国的特殊利益。所以，直至今日地方的或国家的贸易保护主义，不管受到怎样的谴责，总是经济全球化进程中挥之不去的阴影。

相互矛盾的思考必然会体现在冲突法或国际私法的发展中。因为，尽管涉外民商事纠纷琐碎复杂，未必都与国际大势直接相关，但法律纠纷的处理所涉及的法律冲突和法律选择问题则必然关涉到对国际社会的共同规则与民族国家的特殊利益的考虑。在经济全球化和一体化发展的今天，片面的特殊主义—国家主义的确不能合理地解决法律冲突和法律选择问题，甚至有可能它本身就是造成法律冲突的原因，而片面的普遍主义—国际主义同样不能得到各个主权国家的普遍认可，因为它忽视了各国特殊利益的发展要求。萨维尼范式于20世纪前半叶在美国陷入冲突法危机，其主要原因也在于此。当然这一危机的克服，不可能是完全废弃普遍主义—国际主义而倒退到巴托鲁斯时代的特殊主义—国家主义，这种倒退在国际交往充分发达的今天注定是没有希望的。只有把普遍主义和特殊主义、国家主义和国际主义在新的冲突法原则上结合起来，才能在法律的公正性上达到一个令人满意的结果。这样一个原则初步地产生了，这就是"最密切联系原则"。

第一节　美国的冲突法危机的前奏——既得权理论

20世纪之前，冲突法理论的发展主要体现在欧洲大陆法系中，萨维尼范式的形成与发展是其中最为典型的代表。20世纪以后，英美法系特别是美国法学逐渐成为冲突法理论发展的主要推动力量。这主要是由美国社会特殊的政治结构和这一时期国际社会的总体特征决定的。美国的政治格局和法律格局与欧洲国家相比有较大的特殊性。美国是一个由五十个州和一个联邦直辖特区组成的宪政联邦共和制国家。一方面，在联邦政府的管辖之下，州与州之间的民事交往相当频繁也十分容易；另一方面，各州又都享有较大的自治权利，均有独立的立法权与法律传统，各州间的法律也程度不同地存在着各种差异。这两方面情况就决定了州与州之间涉及民事纠纷的法律冲突无论在数量上还是范围上，都是不容忽视的。这种状态极大地促进了冲突法理论和实践的发展，同时也是美国"冲突法革命"的国内根源。当然，尽管这次革命发生在美国，但实际意义和影响却远远超出美国国界，而在整个国际冲突法学界掀起了一番新的争论与思考。这主要是因为，这场革命恰好爆发在第一次世界大战之后和第二次世界大战之前。世界范围内，资本主义国家之间、资本主义国家与落后国家之间的矛盾和冲突异常复杂尖锐。国家间在经济上、政治上、军事上和外交上发生的利益分歧足以构成对萨维尼普遍主义或国际主义理想原则的挑战，这不能不促使冲突法学者重新思考冲突法的思想原则。

一、比尔的"既得权"理论

20 世纪初美国社会的剧烈变革导致法律诉讼激增，不仅新规则不断涌现，日益增多的判例之间也不乏矛盾冲突。再加上社会和经济生活的飞速变化，法律缺乏稳定性和确定性的问题也越来越突出，普通法制度逐渐面临崩溃的危险[①]。面对这种境况，1923 年美国法律学者创办了"美国法学会"（The American Law Institute）。该学会围绕"法律应当怎样"的问题，吸收一些被普遍接受的、合理的观点，对实体法的许多分支做出"重述"（Restatement of law）。美国哈佛大学法学院教授比尔在冲突法领域从事教学研究 30 多年，拥有丰富的经验和全面的理论造诣，从而被选作冲突法重述的报告人。他根据传统的"既得权学说"主持编纂了《第一次冲突法重述》，该书在 1934 年 5 月美国法学会年会上获得通过并作为正式文本对外公布。这本书的部分内容，如法律适用部分中的第五章"身份"问题、第六章"公司"部分、第七章"财产"等具有较大的合理性和稳定性，并为后来的《第二次冲突法重述》

---

① See The American Law Institute, *Restatement of the Law of Conflict of Laws*, St. Paul: American Law Institute Publishers, 1934, p. ix.

所保留和吸收[1]。但是其中有关合同和侵权问题的冲突法以及其背后包含的既得权思想却遭到了学者们的强烈批评。因为这些思想看上去与普通法世界极不协调，并且在理论表述上比萨维尼理论更为机械和僵固。因而，这本书的出版被看成是冲突法革命的"导火索"。

　　既得权理论（Doctrine of Vested Rights）产生于 19 世纪末 20 世纪初，最早是由英国法学家戴西在胡伯的"国际礼让说"的基础上提出来的。在此之前，既得权理论事实上在英国已经初露端倪。英国法官曼斯菲尔德（Mansfield）勋爵在"霍尔曼诉约翰逊（Holman V. Johnson）"一案中曾指出："每个诉讼都应该依英国法进行审理，但在某种特别情况下，如在外国已合法签订契约时，应适用诉因发生地国家的法律。"曼斯菲尔德法官虽然此时尚未提出既得权的观点，但他继承了荷兰学派属地主义路线，在英国冲突法的理论体系中奠定了只适用本国法，不承认外国法效力，但承认根据外国法取得的权利的理论基调。这正是后世既得权理论的核心观点。1896 年，戴西出版了《法律冲突法》一书，对既得权理论做出了系统的阐述。其主要内容包含六大原则，其中有关适用外国法律的基本思想是：凡依他国法律有效取得的任何权利，一般都应为英国法院所承认与执行，而对非有效取得的权利，英国法院则不应承认与执行。在这里，他所指称的"他国"按照他的理解应当是"文明国家"，但何为文明国家，在戴西的脑子里显然是以英国为标准的，因此，如承认与执行这种依外国法合法取得的权利与英国成文法的规定、英国的公共政策和道德原则以及国家主权相抵触时，则可作为例外，不予承认与执行。这实际上就是说，当事人依外国法所获得权利，能否在英国获得承认，要以英国成文法为标准。可以看出，戴西的既得权理论的核心并不是适用外国法律，而只是以英国法律、公共政策和道德原则为标准来保

---

[1]　See American Law Institute, *Restatement, Second, Conflict of Laws.* 被保留或吸收的部分还包括：§283 结婚；§285 离婚；§287 子女是否婚生，这一部分增加了适用子女住所地法；§289 收养，虽然此处规定适用法院地法，但根据第 78 条，享有管辖权的法院为养父母或养子女的住所地法院，实际适用的法律与《重述（一）》相同；§296 公司成立；§301 公司的权利和贫任；§223 土地转让；§231 土地转让人的责任；§255 动产转让人的能力；§236 土地的无遗嘱继承；§239 有关土地继承的遗嘱有效性和效果；§260 动产无遗嘱继承；§263 有关动产继承的遗嘱有效性和效果。

护当事人根据外国法所获得权利。这同时也意味着，一切法律关系都应适用内国法，法官也只负有适用内国法的任务，他既不是直接承认或适用外国法，也不是承认外国法在内国的效力。戴西的既得权理论包含了调和适用外国法和国家主权之间的矛盾的意图，但他对既得权保护所做出的种种限定却使他陷入更大的矛盾。如有学者指出，如果按戴西的说法，一国政府既然负有通过它的法院承认并执行外国法律创设的权利的义务，实际上也就负有适用外国法的义务。因此戴西的既得权理论受到许多国际私法学者的批评。

不难看出，戴西的既得权理论实际上强化了法律适用的属地主义原则。有人认为，戴西的理论为英国国际私法理论的发展做出了重要贡献，是具有"里程碑意义"的进步。笔者认为，这个评价对于英国来说，可能的确是如此，但对于整个国际私法的发展来说，并非如此。这个既得权理论本质上依然贯彻的是法则区别说范式所坚持的"特殊主义—国家主义"原则，相对于萨维尼范式的"普遍主义—国际主义"原则来说，更可能是一种退步。至于这个理论能够在部分英语国家，特别是在英国和美国受到重视，也许只能从这些国家竭力保护本国利益的狭隘目的来说明。

正是由于既得权理论所包含的"特殊主义—国家主义"倾向使美国法学家比尔将之用来充当挑战"普遍主义—国际主义"冲突法范式的武器。戴西的《法律冲突法》刚一问世，比尔就给予高度的评价。他认为这一理论早在斯托雷时代就被英国和美国的法院广泛接受，这个理论只有礼让理论的优点而没有其缺点。他还不无喜悦地宣称：普通法已经发展出了一种足以取代荷兰礼让说的本土的既得权理论，它同样可以达到礼让说所要达到的目的，即取得公正的结果，而不会遭受礼让说所受到的那些指责①。

概括起来说，比尔的既得权理论的基本观念就是认为：所有的权利，从法律上说，都是人为设计的或由某个法律所创设的，没有天然的法律权利，也没有单纯地按照当事人意志所创设的法律权利。一项权利的创设总是以一个事件的发生为前提，因而当一项权利已经为法律所创设，这项权利本身就成为一个事实。换言之，一项权利可以由创设它的法律所改变，或由其他有

---

① See Joseph H. Beale, *A Treatise on the Conflict of Laws*, New York: Baker, Voorhis & Co., 1935. §73.

权的法律所改变。如果没有任何有权的法律改变这一权利，既存的权利就应该在各地被认可；这样做只是承认一项事实的存在。①

应当指出，比尔认为跨国（州）民事纠纷实际上是当事人之间的权利（或义务）之争，这的确是正确地指出了法律冲突所包含的实质性内容，这也可以说是既得权理论对冲突法理论发展带来的重要贡献。但是他同时又认为，当事人的民事权利是法律赋予的，而非与生俱来的，因此法律对权利的创设作用格外重要。和戴西一样，在涉外纠纷的处理中，比尔同样认为承认的并不是外国法的效力，而是外国法创设权利的"事实"，权利就好像财产一样可以被当事人从一国带到另一国，每个国家都应当依据权利赋予地的法律承认它的效力。为了确定当事人在可能发生的一连串行为或事件中哪一个行为或事件具有决定意义，比尔提出了所谓"最后行为说"（the last act doctrine），即认为权利产生于构成诉因所必需的最后一个行为的发生地②。他的这个观点在一定意义上将既得权理论同萨维尼的"法律关系本座说"联系起来，亦即最终是要通过空间地理意义上的连结因素将各类法律关系场所化于特定的地域，或者说，将当事人的最后行为地理解为法律关系的本座所在地。当然，对萨维尼理论某些因素的吸收，并没有使比尔走向普遍主义—国际主义，他的理论，总体来说，依然沿袭的是"法则区别说"时期的"国际礼让说"，秉承了其中浓厚的属地主义色彩与特殊主义的思想倾向。

二、《第一次冲突法重述》

既得权理论是《第一次冲突法重述》的灵魂。这一点特别体现在这本书关于合同和侵权问题的冲突法规定中。在有关合同的冲突法规则问题上，比尔极力反对当时许多国家实践中普遍采用的意思自治原则。这一点实际上也构成了他的既得权理论和萨维尼范式的区别，以及与戴西的既得权理论的重要区别。萨维尼判断法律关系的本座所在地的原则是以当事人为基点的，强

① See Joseph H. Beale, *A Selection of Cases on the Conflict of Laws*, §§1-5, Cambridge: Harvard University Press, 1928.
② 参见焦燕：《论既得权理论对当代冲突法的影响》，《中国国际私法与比较法年刊》（2002年第五卷），法律出版社2002年版，第50—66页。

调适用于法律关系的本地法在很大程度上受到有利害关系的当事人的意志的影响，并愿意承认当事人明示选择的法律的适用。戴西既得权理论的第六条原则也含有"意思自治"的观念，认为当事人协议选择的法律具有决定他们之间的法律关系的效力。比尔对此明确地表示反对。他认为，如果允许当事人协商确定合同适用的法律，就实际上相当于赋予签约的两个人成立立法机构的权力，其结果是导致当事人可以使自己的行为置于任意一种法律的约束之下，同时摆脱本该约束他们行为的法律①。此外，意思自治原则在实践上也是很难行通的。出于对意思自治原则让任意两个个人得以行使相当于立法权的权力的"忌惮"，各国法院几乎都规定了对该原则行使时的善意性要求。但善意的标准，却往往难以预料，也因此带来了对案件判决结果进行预测的难度。因为，即使当事人事先做出了明确的约定，但能否让此约定得到法院的"善意"性认定仍很难事先做出判断。

比尔也反对萨维尼理论中合同履行地法的适用，理由是适用履行地法，使当事人有可能用履行地的法律取代合同成立地法律的效力，履行地可能有多个，特别是当履行地法律与成立地法律相背离时，承认履行地法律的适用就赋予当事人以后续的履行地法排除合同成立地法权威性的可能。他主张除了合同履行的时间、地点、履行义务人、履行是否充分和免责理由等个别事项适用履行地法之外，合同的效力、解释、形式、合同的转让、合同义务的范围、承运人的义务和责任限制、代理或合伙关系的成立、当事人的能力等问题一概适用合同签订地法②。比尔确信，合同性质和有效性适用签订地法在理论上是正确的。因为，根据既得权理论的思路，只有法律才能在当事人之间确立有约束力的权利义务关系，而当事人之间的协议只具有道德和社会意义。从这个意义上说，这个规则充分包容了法律的属地性，使每一个主权国家得以约束本国境内的合同行为。比尔强调，从实践角度看，合同适用合同缔结地法是最好的规则，它避免了任何针对其他两种规则（即意思自治原

---

① See Joseph H. Beale, *A Treatise on the Conflict of Laws*, New York: Baker, Voorhis & Co., 1935, pp.1079-1085.

② See American Law Institute, *Restatement of the Law of Conflict of Laws*, St. Paul: American Law Institute Publishers,1934, §§322-347, §358.

则与合同履行地规则）的指责①。为此，比尔信誓旦旦地预言："用不了多少年，美国法学会的影响可能就会带来这样的结果：当事人意志理论被抛弃，而合同缔结地法被一致采用。"②

在有关侵权的冲突法规则问题上，比尔依据他的既得权理论将侵权冲突规则提炼为：侵权的性质、免责和赔偿等问题适用侵权行为地法，而侵权行为地为最后结果的发生地。对侵权行为地的这一硬性规定显然与欧洲不少国家对侵权行为地的灵活解释有很大的不同，也同美国以往的司法判例有所区别。以往法院虽然长期适用侵权行为地法，但并没有将侵权行为地固定为最后事件的发生地。由此可见，比尔在设计侵权冲突规则时把既得权说中包含的地域主义和法律形式主义推到了极端。

当然，尽管比尔的既得权理论和《第一次冲突法重述》在思想原则上与萨维尼范式有着根本的区别，但比尔在其理论中还是尽可能地去吸收萨维尼理论中的可用之处。这一点不容忽视。例如，比尔在编纂《冲突法重述（第一次）》时，就大量地采纳了这种类型的规则：如结婚适用婚姻缔结地法，离婚适用法院地法③；公司的成立适用成立地法④；"财产"部分则更是坚守了萨维尼确立的"物之所在地法"规则，财产的识别、有形财产权的创设、土地的转让等均适用财产所在地的法律⑤。这无疑是对萨维尼贡献的肯定，因为萨维尼的理论是在大量的实践和对具体案例的分析中总结出来的，必然具有较大的合理性与稳定性。比尔要想使自己的理论能够站得住脚，就不能无视这些积极成果。这至少也说明，在冲突法革命时期，美国的法学家不仅完全熟悉欧洲冲突法学的发展状况，而且其发展正是立足于

---

① Joseph H. Beale, *A Treatise on the Conflict of Laws*, New York: Baker, Voorhis & Co., 1935, pp.1090-1092.

② Joseph H. Beale, *A Treatise on the Conflict of Laws*, New York: Baker, Voorhis & Co., 1935, p.1174.

③ See American Law Institute, *Restatement of the Law of Conflict of Laws*, St. Paul: American Law Institute Publishers 1934, §121, §135, §137, §142, §149.

④ See American Law Institute, *Restatement of the Law of Conflict of Laws*, St. Paul: American Law Institute Publishers 1934, §155, §165.

⑤ See American Law Institute, *Restatement of the Law of Conflict of Laws*, St. Paul: American Law Institute Publishers 1934, §208, §211, §215, §245, §216, §249, §255, §257, §306.

欧洲法学发展的高点之上。

三、既得权理论与"法律关系本座说"的原则区别

虽然既得权理论与"法律关系本座说"有诸多可融合之处，但在基本理念上仍然是冲突的：既得权理论思维进路的起点是法律固有的效力范围；而法律关系本座说的思维起点是法律关系，即人与人通过法律结成的关系具有怎样的本质属性。

既得权学说被指责为具有理论上的自我矛盾性，即一方面宣称承认和保护在外国已合法取得的权利，另一方面又不承认产生该既得权利的法律在本国的效力。权利本身是依赖法律而存在的，只有在法律生效的前提下，才有权利的产生与行使。而既得权理论将权利这一法律结果与形成权利的基础——有效的法律割裂开来，只承认前者而否认后者，这是说不通的，因为只要承认了前者也就相应地承认了后者。这个批评并非没有道理。但要准确地理解既得权理论，就有必要辨析一个问题：法律的域外适用是否等同于法律的域外效力？这个问题既反映出既的权理论的自我矛盾之处，又反映出"巴托鲁斯范式"与"萨维尼范式"之间的不可通约性或不可翻译性。

既的权理论是"法则区别说"范式的延伸。而在巴托鲁斯"法则区别说"范式的问题域中，一个被追问的基本问题就是哪些法律规则具有域外效力。最初，巴托鲁斯依据法律规则的语法形式，将法律规则区分为"物法"和"人法"，进而确定"物法"对立法者权力所及范围内的所有物均有效力，"人法"则具有域外效力，随着人的流动而流动，人在哪里，"人法"就在哪里生效，而其行为依"场所支配行为"的古老法谚。在这个意义上，巴托鲁斯是从"人法"具有域外效力的意义上肯定了在"人法"方面平等适用外国法律的合理性。但是，由于"法则区别说"本质上是一种特殊主义的冲突法范式，因而在其后世的发展中出现了不断缩小法律域外效力的倾向。如达让特莱作为"法则区别说"的继承者，他的理论贡献就是极力缩小"人法"的范畴，将与物有关的所有法则均视为"物法"。而胡伯的"国际礼让说"明确否认了除"人法"之外的其他一切法律规则的域外效力，认为在处理涉外纠纷的案件中，

适用外国法律只是出于"国际礼让"。戴西和比尔的既得权理论可以说是这种特殊主义思维的一个合乎逻辑的发展。这种理论实际上并没有在司法实践中否认适用外国法律的可能性和必要性，只不过在他们看来，这并不是承认外国法律具有域外效力，而仅仅是承认当事人在一定的法律体系中所获得的既得权利。由此可见，尽管是否承认法律具有域外效力并非是冲突法中特殊主义—国家主义的实质之所在，但否认法律的域外效力却是这种特殊主义倾向发展的一个结果。

与"法则区别说"的思想原则不同，萨维尼的"法律关系本座说"注重的是法律规则与法律关系之间的联系。法律关系的"本座"就是将法律关系与特定地域联系起来的连结点，这个连结点可以通过分析大量的同类法律关系的实例后抽象出来。一旦某一法律关系的"本座"指向某国法律，该国法律就自然而然对该法律关系具有约束力，从而得以在案件中适用。这实际上也就是在法律关系的意义上通过"法律关系本座"承认了适用外国法律的根据。接受这种思维模式的学者，也自然会将法律关系在域外的适用与法律的域外效力联系在一起。因此，尽管法律的域外域内效力问题并不是萨维尼范式所追问的主要问题，但这个问题却可以在萨维尼范式中得到顺理成章的解决，既承认了外国法律的适用，也就承认了外国法律的域外效力。

由此可见，既得权理论与萨维尼范式在是否要适用外国法律这个问题上的主要区别在于是否承认外国法律的域外效力。既得权理论否认法律具有域外效力，从而也就必然要否认适用外国法律的合理性，但却承认当事人依外国法合法获得的既得权利。这个看似矛盾的观点，在"法则区别说"范式中可以得到这样的解释：对于法律纠纷的承载者（人、物、行为等），自有特定的法则对其具有约束力，法官的作用只是找出这种约束力并加以确认，法律冲突的实质是因为存在涉外因素使法律纠纷有可能在对其并不具有约束力的法域进行审判。例如某个合同缔结于 A 国，但当就合同内容产生纠纷时，由于被告是 B 国人，所以原告选择在 B 国提起诉讼。根据"法则区别说"的理论，该案受合同缔结地法律的支配，但合同缔结地与法院地并不相同，A 国对该案既具有管辖权又具有实际约束关系，B 国对该案虽无实际约束关系，但具有管辖权。这也是既得权理论之所以注重管辖权的主要原因。不过，管辖权规则虽然赋予法官依据自己的法律传统判断法律关系到底体现何种权利的能力，但并不会改变产生该权利的法则的固有效力，即不能否认依照一定的法律所产生的权利事实。除非产生这个权利事实的法律本身发生了变化，它在任何地方都应得到承认。因此，法官在涉外案件的审理中应当承认当事人依照外国法而获得的既得权利，但这并不等于说，产生这个权利的外国法有域外效力。对于既得权理论及其支持者来说，权利的承认与法则域外效力的承认应该是相互冲突的两件事。一个权利只能基于一个法则产生，如果承认了法则的域外效力，很有可能使同一个权利置于不同的法则约束之下，这不但无法解决冲突，反而使法律冲突变得更为复杂。

而对于萨维尼范式及其支持者来说，适用外国法律的根据在于法律关系与特定地域之间的连结点即"本座"，只要本座指向某国法律，就应当承认该国法律对案件中的法律关系具有约束力，因此，适用外国法律和承认外国法律的域外效力是一回事。或者说，在萨维尼范式的问题域中，区分"因域外效力而适用"与"因域内效力而适用"并没有任何真正的意义。这个范式并不追问法则是否有域外效力这个问题。萨维尼分析的起点不是单纯的人、物、行为，而是复杂的法律关系，"牵涉于同一法律关系之中的两个人是否归属于相同的或不同的法域具有很大偶然性"，正因为如此才会产生法律冲突[①]，而对于法律关系来说，地域的划分没有特别重要的意义。如果说"法则区别说"范式是根据客体（人、物、行为）所属的不同地域而划分规则的适用，从而必然追问法律有否域外效力问题，那么"法律关系本座说"范式则是直接根据法律关系的性质指向不同的地域，将牵涉到一个法律关系中的所有人、物、行为都送至"本座"所在地法律的约束之下，这就打破了法则约束力的地域限制。

事实上，"既得权理论"通过承认既得权而适用外国法律与"法律关系本座说"通过确认法律关系的本座而适用外国法律，在司法实践上很可能达到同样的效果。但既得权利论在适用外国法律的同时又否认法律的域外效力，这只能用这个理论固守的特殊主义—国家主义思想倾向来说明。

---

① 参见 [德] 萨维尼：《现代罗马法体系》（第8卷），李双元等译，法律出版社1999年版，第5、6页。

第二节 "危机时期"的理论繁荣

比尔主持编撰的《第一次冲突法重述》在美国法学会获得通过，但他在这次重述中阐述的规则和理论的内在矛盾和缺陷还是十分明显的。按照比尔的既得权理论，法院地并不是适用外国法律，而只是承认外国法律所创设的权利事实，但这实际上同样是依据外国法来判断既得权的存在与性质，这样一来，"法院地不适用外国法律"就成了一种含糊其词的说法，或者说成了一种托词。同时，既得权理论自身也存在逻辑上的循环论证：判断既得权存在与否需要首先确定适用的法律，因此要求助于权利取得地的法律，但适用权利取得地法律的前提又必须先确定权利已经取得了——这就进入了逻辑上的怪圈。此外，比尔采用"最后行为"的方法来确定法律，认为构成整个法律关系的"最后行为"的事实具有决定意义，而对其他事实视而不见，这种方法确定的冲突规则比萨维尼时期还要僵硬机械。比尔的理论所存在的这些矛盾和缺陷很快就遭致了来自特殊主义和普遍主义两种思想倾向的猛烈抨击，并由此把美国的国际私法带入库恩所说的"反常时期"或"危机时期"，爆发了所谓的"冲突法革命"。我国有学者认为，比尔的理论在国际私法史上的作用只能说是"承上"，而未能"启下"[1]。这个说法并不十分准确，比尔的理论所承的是18世纪后半叶发展起来的既得权理论，但他并非没有"启下"，恰恰是他对既得权理论的片面发展，启发了学者们通过对他的批判而更加深入地探讨冲突法在现时代所面临的诸多重大问题。受比尔理论的启发，未必就是顺着比尔的杆往上爬，而是能够在比尔理论的矛盾之处发现新的问题并探寻新的方案。

库恩指出，常规科学是一项高度累积性的事业，其目的在于稳定地扩展科学知识的广度和精度。但在这个专业化的进程中，一方面科学家的视野受到极大的限制，因为范式本身会限制科学研究所涉足的现象领域，这在任何给定的时刻都是不可避免的；另一方面，由于范式的指引也使科学家团体的

---

[1] 徐文超、储敏：《国际私法要论》，知识产权出版社2004年版，第43页。

注意力集中在范式所限定的那些领域，使有关这些领域的资料越来越详尽，同时也使范式的变化受到相当严重的阻碍，科学变得日益僵硬。在这种情况下，范式对反常现象的反应就愈加敏感①。萨维尼的"法律关系本座说"范式在 20 世纪 30 年代以后也的确越来越明显地陷入这种境况。第二次世界大战前后，世界经济、政治格局发生了根本性的变化，美国经济飞速发展，逐渐在世界政治经济中占据领先地位。国民经济和科学技术的高速发展使得民商事关系日益复杂，跨国性的和跨州性的经济契约相当普遍，契约和侵权关系的主体也日趋多元化。同时，现代通信、交通工具的广泛使用大大缩短了法律行为的时间流程，也使得法律行为的空间位置极不稳定。萨维尼"法律关系本座说"范式通过法律关系的空间位置来适用法律的方法很难适应这种复杂多变的情况。继续使用这种方法，要么可能难以确定连结点，要么是确定了连结点却导致适用不合理的法律。这些情况和问题的存在客观上要求采用更为灵活的法律选择方式。此外，萨维尼范式坚持片面的、理想化的普遍主义—国际主义原则也与各个国家追求和维护自身特殊利益的要求总是处于矛盾之中。《第一次冲突法重述》可以说是对这种普遍主义—国际主义的反驳，但它所包含的既得权理论带给人们的则是更为僵硬机械的法律选择方式。这不能不使它成为众多学者口诛笔伐的目标。可以说在这个时期，许多冲突法学者都嗅到了反常的因子。

库恩指出，意识到现实情况总是以某种方式违反支配常规科学的范式所做出的预测时，即是意识到了反常。这时，人们会继续对反常领域进行扩展性的探索。在这一时期，学者们通常都会发展出许多思辨性的和不精确的理论，并为新的发现指出途径。但只有当实验和试探性理论相互连接在一起使之达成一致时，新的发现才会突现出来，并促使新的范式产生②。这一过程，在美国冲突法革命时期尤为明显。学者们通过理论批判而形成众多新的学说，使整个冲突法理论界展开了对法律选择问题的重新思考，直到法律实践与法律理论连接到一起时，凝结众家之长的新理论才能并被接纳为新的范式。

---

① 参见［美］托马斯·库恩：《科学革命的结构》，金吾伦、胡新和译，北京大学出版社 2003 年版，第 51—60 页。

② 参见［美］托马斯·库恩：《科学革命的结构》，金吾伦、胡新和译，北京大学出版社 2003 年版，第 57 页。

一、美国冲突法革命时期的特殊主义倾向

（一）库克的"本地法说"

戴西和比尔的既得权说受到学术界的抨击，是从库克（Cook）提出的"本地法说"（Local Law Theory）开始的。库克是美国实证主义法学家，他认为，法院在审理涉外民事案件时总要适用自己的国内法，如果该案件中包含有根据外国法产生的权利，可以把这种权利转化为国内法产生的权利而予以承认，即把该外国法"并入"到国内法中。这样，法院不是使依据外国法产生的权利具有法律效力，而是使根据本国法产生的权利具有法律效力。库克的理论既不主张适用外国法，也不承认根据外国法产生的权利，这实际上是对外国法律采取一概否认的态度，过分夸大了法律的属地性，把国家主权原则与在一定条件下适用外国法截然对立起来。因此，有的学者认为，库克的理论是破坏性的，而非建设性的，他的理论未能对法律选择问题和法律适用问题提供建设性的解决方案。更有学者认为，他的学说把属地主义推向了极端，强化了特殊主义—国家主义倾向，是"自萨维尼提出较为科学的并较令人满意的观点以来的一次倒退"[1]，或者认为他所鼓吹的不过是一种无益的滥调，是对萨维尼理论的反动[2]。

（二）艾伦茨威格的"法院地法说"

如果说，库克适用本地法或本国法来抵制外国法的适用，那么加利福尼亚大学国际私法教授艾伦茨威格（Ehrenzweig）所提出的"法院地法说"（Doctrine of lex fori）则是把法院地法提高到绝对优先的地位，以此排斥外国法的适用。他的理论观点主要散见于其 1962 年发表的《法律冲突论》、1967 年出版的《国际私法——总论部分》等著作以及 1968 年应邀在海牙国际法学院所作的演讲《国际私法的具体原则》和其他大量的论文中。其理论的主要内容是，国际私法所赖以建立和发展的基础是优先适用法院地法，而

---

[1] 赵相林：《国际私法》，中国政法大学出版社 2000 年版，第 40 页。

[2] 韩德培：《国际私法新论》，武汉大学出版社 2005 年版，第 71 页。

外国法的适用只是一个例外。法律冲突的解决是法院地实体法的解释问题，即根据对法院地的解释结果决定应该适用什么法律。美国法学家斯考乐和彼得·海在他们的著作《冲突法》中简明扼要地概括了这一学说的基本内容："在法院地实体法规范并不明确要适用于涉外案件时，而且法院地的宪法性规范或者法律选择规范也未要求适用外国法律规范，那么法律选择的问题就必须取决于法院对法院地实体法规范的解释。如果这种解释也未能导致适用外国法律规范的话，那么法院就应当把法院地实体法规范视为剩余法律来适用。"① 很明显，艾伦茨威格的"法院地法说"是站在法院地的立场上要求保证法院地法的适用的。它不仅要求应当首先考虑适用法院地法，而且还把是否要适用外国法看作为法院地政策自由裁量的事情，这显然是赋予法院地法官以更大的权力，并扩大了他们的主观作用，同时也进一步助长了法律适用的属地主义倾向和冲突法中的特殊主义—国家主义倾向，甚至把这种国家主义径直变成更为狭隘的地方主义。另外，韩德培教授在《国际私法新论》中也指出，艾伦茨威格教授的理论还具有一定的不确定性和不完整性② 。不过，尽管存在着这些缺陷，艾伦茨威格对法院地法的高度注重还是引起了冲突法学界的普遍关注，因此，他所作的长期努力"对于 20 世纪中叶的冲突法和冲突法理论所进行的严肃思考和反思做出了巨大贡献。……艾伦茨威格的贡献在美国冲突法思想的过渡阶段中是一个重大要素"③ 。

二、美国冲突法革命时期的普遍主义倾向

（一）卡弗斯的"优先选择原则"

引领美国冲突法革命的另一潮头人物是美国法学教授戴维·卡弗斯（David Cavers）。他把批判的矛头直接指向美国传统国际私法的"管辖权选择"制度。按美国传统国际私法理论要求，法院在解决某个涉外民事案件

① 转引自邓正来：《美国现代国际私法流派》，中国政法大学出版社 2006 年版，第 140 页。
② 韩德培：《国际私法新论》，武汉大学出版社 1998 年版，第 74 页。
③ 转引自邓正来：《美国现代国际私法流派》，中国政法大学出版社 2006 年版，第 158 页。

时应首先确定法院是否有管辖权，然后再决定适用何国法律，最后则考虑判决在他国的承认和执行问题。对此，卡弗斯教授在 1933 年《哈佛法律评论》上发表的一篇题为《法律选择问题之评论》的文章中指责说，这种法律选择理论和制度所关心的都只是在哪个法域中能找到合适的准据法。但该法的内容在逻辑上是完全不相关的，被选择的是"合适的法域，而非合适的实体法"①。也就是说，传统的管辖权选择规范，并不注重对实体法的选择，而是仅仅根据一个机械的冲突规范，通过单一连结点的指引，确定某一国法律所具有的管辖权，将其实体法用于案件的审理，这根本无法保证判决结果的公正性。对此，他主张用"规则选择"或"结果选择"的方法来代替"管辖权选择"的传统做法。值得注意的是，卡弗斯所关注的并不是是否应当适用外国法或内国法的问题，而是法律选择的后果是否公正的问题。为此，他从法律适用的结果角度提供了法律适用的两条应遵循的标准：一是要对当事人公正，二是要符合一定的社会目的。为符合这两条标准，法院在决定适用本国法还是外国法之前，要考虑三个方面：首先是要审查诉讼事件和当事人之间的法律关系；其次要仔细比较适用不同法律可能导致的结果；最后是衡量这种结果对当事人是否公正以及是否符合社会的公共政策。从这一思想原则可以看出，卡弗斯的理论更具有普遍主义倾向，而且这种普遍主义是建立在法律公正的一般理念之上。也就是说他更关注的是法律选择在实质意义上的公正性，而非仅仅是形式意义上的公正性。1965 年，卡弗斯出版了《法律选择程序》一书，将他的思想概括为解决冲突案件的"优先选择原则"（Principle of Preference Theory），即法院在审理涉外民事案件时，应当在对有关法律规定进行分析的基础上，优先选择那些不仅能调整法律间的冲突，而且适用结果对当事人更为公正的法律，并首次提出直接对实体法进行选择的大胆设想。这一思想，对后来的"最密切联系说"的形成产生了积极的影响。

（二）利弗拉尔的"法律选择五点考虑"

来自阿肯色大学和纽约大学的国际私法教授利弗拉尔（Robert A . Leflar）

---

① Cavers, "A Critical of Choice-of-law Problem", *47 Harv. L. Rev.*, 1933. p.173, p.178.

提出的"法律选择五点考虑"（Five-Choice-Influencing Considerations）更为鲜明地坚持萨维尼范式所倡导的普遍主义—国际主义原则。这一理论既对萨维尼范式做出了重要的补充和扩展，同时又考虑到法院地政府利益的特殊性，改变美国传统国际私法中机械、呆板的法律选择方法，谋求在法律选择方面适用较好的法律。

就"五点考虑"所具有的普遍主义—国际主义倾向而言，主要体现在第一点和第二点考虑中。第一点考虑，即结果的可预见性。利弗拉尔教授认为，无论是内国法院还是外国法院审理涉外案件，判决结果的一致性和可预见性始终是法律选择理论所追求的一个主要目标。判决结果的可预见性这一目标的实现，可以使合意性交易的当事人根据某些法律规定来缔结他们的合同，而这些法律规定能够使他们获得他们各自所期望的结果。因为只有这样，当事人之间的交易效力才会为法律所承认，他们的公正期望才能受到法律保护。此外，判决结果的一致性还能防止当事人任意选择对自己有利的法院的现象，因为如果判决结果无论在何地法院都能一致，在何地法院起诉对当事人也就无所谓了。很明显，对判决结果的一致性和可预见性的要求本身就是普遍主义的内在要求，因为，判决结果的一致性和可预见性必然要求法律纠纷在不同的法院能够获得大致一样的判决结果，这就需要冲突规范能够达到最低限度的一致性，并平等地看待不同国家法律的适用。第二点考虑，即维持州际秩序和国际秩序。这一点表现出利弗拉尔理论与萨维尼理论在原则立场上的一致。利弗拉尔指出，不同国家人民之间各种交往的顺利实现是现代文明的基础，而在一个联邦制国家中各州人民交往和货物流通的便利，正是这个联邦制国家得以存在的根本条件。然而，要实现人员和货物交往的顺利和便利，就必须要有一个能使相互冲突的主张和对主权相互冲突的要求降到最低限度的方法，即一个与涉外案件没有什么联系的法院不应该要求对其法律的适用优先于一个与该涉外案件具有密切联系的法院。利弗拉尔教授直言宣称，冲突法的首要功能一直是维护州际和国际交往的合理秩序，鼓励这种符合法院地及其人民利益的交往的顺利发展。

"五点考虑"的第三点是关于司法任务的简单化。关于这一点，利弗拉尔认为，司法任务简单化是就司法任务本身复杂和简单而言的，因此这个因素在整个五点考虑中不具有头等重要意义，只是在几种选择并存的情况下，才具有重要意义。对于理解利弗拉尔理论有重要意义的是第四点考虑，即"法院地政府利益的优先"。如果法院地根据自己的社会政策和法律政策，强烈地感受到自己与某个案件中的事实具有真正的联系，那么该法院就有理由依照这种联系来适用法院地法。这一点考虑着眼点在于法院地的政府利益，看上去似乎与第一点和第二点考虑所坚持的普遍主义有些矛盾，但它其实与片面的属地主义或特殊主义有原则区别。适用法院地法不是因为它是法院地法，而是因为法院地所贯彻的社会政策和法律政策，也就是说，案件的处理不能与法院地的社会政策和公共秩序发生冲突。所以利弗拉尔教授指出，案件中的事实与法院地的"真正的联系"是指合乎法律要求的联系，而不是指由于某些事实发生在法院地而产生的那种偶然联系，也不是指法院地由于存在着一些按照宪法能适用于该案件的法律规范而产生的那种所谓联系。如果一个法院能够表明它对某个案件适用法院地法时是具有政府利益的，那么政府利益这一因素就成为这五点考虑中一个重要的方面。

第五点考虑是"适用较好的法律规范"。这是影响法院选择法律五点考虑中最容易引起争议的一个因素，但同时也是最为重要的一个因素。在这一点上，利弗拉尔和卡弗斯一样认为，传统法律选择方法必须加以变革，因为如果法律选择仍然像传统做法那样，把它看成是一个纯粹的选择管辖权程序，即法院首先确定何地的法律应当被适用，然后再去了解该法律的具体内容是什么，那么适用较好的法律规范这一因素也就不会出现了。法律选择与管辖权选择是截然不同的两个问题，法律选择并不是说在两个不同的法律规范中随意选择一个，而是要在它们之间选择一个较好的法律规范并加以适用。利弗拉尔承认，从一个法官的自然意识来看，显然他会认为自己州的法律规范要比其他州的法律规范好一些。这种自然意识从某种程度上来讲，可以解释何以法院地法优越于其他州法律这个问题。但是，大多数法官都会很好地意识到，在某些时候法院地法并不是较好的法律。任何一个明智的法院都愿意适用一种能使本地社会经济利益得到好处的法律规范，而不会问这个法律规范是法院地的还是其他法域的。另外，追求具体案件中的正义和保护当事人公正的期望，也要靠适用较好的法律规范来实现。

适用较好的法律规范这一因素可以说是利弗拉尔教授学说的关键部分，因此有些学者干脆就把他的理论称为"较好的法律规范说"或者"较好法律的方法"。他自己这样评价自己的学说：确立上述五个影响法院选择法律的因素，"法院就能用陈述真实理由的方法来取代那些机械性规范和特意设计的种种迂回方法，这些规范和方法经常出现在对冲突案件判例的观点所作表述之中，不过极其经常的是，它们是作为掩盖判例赖以成立的真实理由的手段出现的"[1]。当然，利弗拉尔的这一理论也遭到了不少学者的反对。有学者认为，利弗拉尔主张适用较好的法律规范，并且认为选择较好的法律规范不是出于主观臆断，但这实际上却很难确立一个客观的衡量标准。一般来说，法官总是法院地政府利益的维护者，他有义务而且必须去实施其政府所颁布的法律，因此他只能从法院地的立场出发来解决冲突法案件中的法律选择问题，可以说，较好法律规范的衡量标准是由法官自己确立的。法官一般总是倾向认为法院地法律是世界上最好的法律，理所当然应当适用法院地法。这样只会导致法院在司法实践中更加广泛地适用法院地法。这个指责不无道理，如果缺乏客观的、众所公认的标准，那么，在司法实践中就很难避免法官以"公共政策"、"公共秩序"、"政府利益"为由，拒绝适用非法院地的但可能是更为合理的或"较好的"法律。这表明，利弗拉尔的学说尽管追求一种普遍主义原则，但还是给属地主义、特殊主义留下了伸展的空间。

当然，利弗拉尔的理论对其他学说的形成和发展也产生了一定的作用。如艾伦茨威格教授就把"较好法律规范"观点引入其"法院地法说"体系之中，并且承认一个较好的外国法律规范可以取代法院地法的适用[2]。里斯教授在《第二次冲突法重述》中也采用了不少利弗拉尔教授的观点，具体表现在该重述的第六条法律选择原则中。因此，利弗拉尔教授的理论尽管比较笼统，但还是代表了美国现代法律选择理论发展的一种趋势，表现了美国现代国际私法高度灵活性和法官决定作用等主要特点。

---

[1] 转引自邓正来：《美国现代国际私法流派》，中国政法大学出版社 2006 年版，第 164 页。

[2] 转引自邓正来：《美国现代国际私法流派》，中国政法大学出版社 2006 年版，第 176 页。

第三节　当代冲突法新范式的初成

上述理论对国际冲突法学界产生了巨大的思想冲击，但其中任何一个理论都未得到普遍的赞同，而是处于激烈的理论纷争之中，因而这段时期美国冲突法理论的发展被称为"冲突法革命"。但是，这一"革命"是否同样意味着冲突法范式的革命？"冲突法革命"带来的理论发展与变革无人否认，但这种变革是否对冲突法理论进行了彻底的重构，使冲突法学发生了根本性的改变？对此，德国国际私法大师格哈德·克格尔（Gerhard Kegel）教授明确地表示出自己的看法，认为这段时期冲突法更像在经历一种危机而非革命，因为"原有的基本理念很难动摇，而支撑冲突法的正是这些基本理念"[1]。作为一位德国冲突法学者，他眼中的美国冲突法革命并未动摇欧洲冲突法理论的根基，只是在基本理念的基础上产生了一些新的学说。欧洲学者之所以认为美国冲突法革命并非是世界范围的冲突法革命，主要是因为美国冲突法革命的主要批判对象是比尔以既得权思想为主调编撰的美国《第一次冲突法重述》。在欧洲学者看来，比尔的这套规则与欧陆的法律选择规则并无多大的相似性，如伯纳德·奥迪特（Bernard Audit）所说："（它们的）相似性在很大程度上都是十分表面的，对前者（指比尔的规则）的批判很难适用于后者（指欧陆的规则），并且，在欧陆现行的冲突法规则与方法中已经包含了对既得权理论的批判。"[2]这种说法似乎把冲突法革命视为欧陆学界已经经历过的过程，而美国的冲突法革命是通过对既得权理论的批判使美国冲突法理论赶上了欧洲的步伐。

这种看法未能得到美国学者的认同[3]，而且事实上也不能被认同。冲突

---

[1] ［德］格哈德·克格尔：《冲突法的危机》，萧凯、邹国宪译，武汉大学出版社2008年版，第1页。

[2] Bernard Audit, "A Continental Lawyer Looks at Contemporary American Choice-of-Law Principles", *27 Am. J. Comp. L.*, 1979, p.589, p.598.

[3] See Arthur Taylor von Mehren, "Comments", *27 Am. J. Comp. L.*, 1979, p.605; Friedrich K. Juenger, "Comments", *27 Am. J. Comp. L.*, 1979, p.609 .

法革命时期，正是国际交往高速发展的时期，美国冲突法学界绝非无法获知其他国家的学者对既得权理论的批判。萨维尼"法律关系本座说"盛行了一个世纪，这一理论也不可能不为美国学界知晓。倘若将冲突法革命对既得权理论的批判视为缩短欧美冲突法距离的过程（无论主动或被动），就无法理解美国的冲突法革命在整个国际私法理论发展中的重大意义。实际发生的情况是，美国冲突法学界既批判了既得权理论，同时也发现和揭示了萨维尼的"法律关系本座说"范式存在的矛盾和问题，并深刻地感受到现有的冲突法理论无法很好地解决美国当时冲突法实践中遇到的一些问题，而这些问题又恰是冲突法发展不可回避的。从这个角度上看，冲突法革命时期的美国学者们所提出的一些与革命之前欧美冲突法理论截然不同的理论学说，以及这些学说之间的相互争论，不仅大大地扩充了冲突法的理论视野，而且也为新的冲突法范式的产生做出了理论上的准备，并最终孕育出这个新的范式。

一、柯里的"政府利益分析说"及其对萨维尼范式的挑战

在冲突法革命的过程中，理论界公认最激进的成员莫过于布雷纳德·柯里（Brainerd Currie）教授。他提出的"政府利益分析说"直截了当地挑战传统冲突法理论及其法律选择规则，希图改变美国国际私法传统，因而他的学说堪称美国冲突法革命中最具代表性的理论。柯里的学说不仅指出了传统冲突法理论的不足，还创造性地提出了一种新的解决法律冲突的模式，即综合分析各州（国）对涉外案件适用其实体法所具有的政策利益并据此进行法律选择。可能是由于柯里的学说太富有挑战性了，一经问世就遭到了来自各个方面的批评。但尽管如此，这一学说的深远影响力是不能被低估的。当今冲突法领域最重要的原则之一，即最密切联系原则，就是在很大程度上吸收了"政府利益分析说"的成分而形成的。甚至可以说，正是由于有了"政府利益分析说"对旧范式的批判与颠覆，才使得最密切联系原则超越了"法律关系本座说"范式并脱颖而出。

柯里明确声称，政府利益分析论与传统的冲突法体系截然不同。在他看来，传统冲突法体系就是一台法律选择的机器，这台机器的唯一目的就是保证涉外法律冲突案件判决结果的一致性，除此之外没有任何其他的考量。政

策因素从来都不在传统冲突法理论的考察范围中，法官甚至不应质疑这台机器得出结论的合理性与公正性。在他看来，传统冲突法的特点就在于"抽象地发展出一个理性的冲突法体系。与相关的政府正当政策与利益无关，也与一国法院对其法律的解释与阐述无关"①，他不无讽刺地说道：

> 为解决这些问题（指法律冲突）我们建造了一个机器。机器建造之时，判决结果的一致性被置于远比其他因素重要的地位，此外并无其他明确的目标。我们调试这个机器，使在任何能想象到的情形下所有州都能确定唯一一州的法律得以适用。当法院处理一个冲突法案件时，他不应去审理该案——即运用智慧与学识探求竞争着的法律适用的理由、背后的政策以及相关历史，从而依据法律公平地对待当事人。相反，法官只是将案件信息输入这台机器中，运行了某些标准程序后，就可以将机器给出的结论原封不动地写进自己的判决书中。②

柯里的指责确实击中了以萨维尼范式为代表传统国际私法冲突规则的机械性：机械地抽象预设法律关系的单一连结因素，以此为法律选择的依据，法院机械地按照这个模式进行操作，往往使判决结果达不到个案公正（individual justice）。为此，柯里力图以"政府利益的分析"来拆解这架庞大的法律机器，他的"政府利益分析说"从根本上否认了传统冲突法体系对判决结果的国际一致性追求的合理性，认为法律冲突实际上蕴含着法律背后的政策利益的冲突，而"各州之间利益的冲突，会导致同一问题因诉讼提起地的不同而得到不同的处理结果"③，因为各州通过同一案件期望实现的政策利益是不一致的，但很可能同样具有合理性或正当性。因此，传统冲突法体系追求的判决结果的一致性与可预见性是本应放弃的目标④。

---

① Brainerd Currie, *Selected Essays on the Conflict of Laws*, Duke University Press, 1963, p.433.

② Brainerd Currie, *Selected Essays on the Conflict of Laws*, Duke University Press, 1963, p.138.

③ Brainerd Currie, *Selected Essays on the Conflict of Laws*, Duke University Press, 1963, p.189.

④ ［德］格哈德·克格尔：《冲突法的危机》，萧凯、邹国勇译，武汉大学出版社 2008 年版，第 95 页。

（一）"政府利益分析说"的基本内容

柯里提出"政府利益分析说"最先是直接受到"阿拉斯加包装工协会诉加利福尼亚工业事故委员会"① 一案判决结果的启发。在该案中，一个受雇于旧金山的外国工人，在阿拉斯加工作时发生事故，向法院起诉请求赔偿。联邦最高法院最终适用了加利福尼亚州的法律，其理由是在该案中加州的"政府利益"大于阿拉斯加州的"政府利益"。有关这一案件的观点后来被整理成文章由弗洛因德教授发表于《哈佛法学评论》②。柯里认为正是这篇文章引发了冲突法学界对各州利益分析的重视③。

柯里认为，在涉外案件中适用的实体法都实现了一州的特定政策和目的。这种政策可以是社会的、经济的或者是行政的，在涉外案件的法律适用中，一般情况下各州都希望适用自己的实体法以实现这种"政策"利益。这种政策利益很难在法律规则中直接找到，它们极少被明确地阐明，往往需要经过仔细研究才能发现④。法官的作用就是要发现和解释这种政策利益。因此，在涉外案件中，冲突法要实现两个目的，一是确定特定实体法规则背后的政策；二是判断对于特定的受诉案件而言，该州对于该项政策的适用是否有正当或合理的利益⑤。这是柯里"政府利益分析说"的基本理念。

柯里提出的与传统冲突法体系截然不同的冲突法理论并非完全是理论上的设想，同时也是建立在对具体案件的周密分析和反复论证之上的。其中最具论证作用的是他对"米利肯诉普拉特"案和"格兰特诉麦考利夫"案的分析。在这里，本文仅举"米利肯诉普拉特（Milliken v. Pratt）"一案。

"米利肯诉普拉特"案的案情如下：原告是缅因州波特兰的一家公司，与住在马萨诸塞州的被告普拉特有长期的业务往来，被告向原告申请赊销，

---

① Alaska Packers, "Association v. Industrial Accident Commission of California", *294 U.S.* 1935, p.532 .

② Freund, "Chief Justice Stone and the Conflict of Laws", *59 Harv. L. Rev.*,1946, p.532.

③ Brainerd Currie, *Selected Essays on the Conflict of Laws*, Duke University Press, 1963, p.613.

④ See Brainerd Currie, *Selected Essays on the Conflict of Laws*, Duke University Press, 1963, p.643.

⑤ See Brainerd Currie, *Selected Essays on the Conflict of Laws*, Duke University Press, 1963, p.369-370, p. 484.

原告要求其妻进行担保以承担赊销产品的责任。被告的妻子在马萨诸塞州的家中做成担保书，由被告寄往原告缅因州的营业地，之后，被告未支付赊销产品的价款，因此原告要求被告的妻子执行担保，被拒绝，原因是马萨诸塞州法律禁止已婚妇女为其丈夫的债务作担保。但在缅因州，担保合同是有效的。马萨诸塞州最高法院认为，担保合同的缔结地是缅因州的波特兰（原告公司），因此适用缅因州的法律，做出了有利原告的判决。①

柯里通过对这个案件的分析为法院地法在绝大多数涉外冲突案件中的适用找到了新的理由。传统的冲突法理论往往认为，对于一个案件，唯有一个特定地域的法律是应该适用的。例如，萨维尼就强调，在审理与不同独立主权国家具有联系的案件（法律关系）时，法官应适用案件所属的本地法，不管它是法官自己国家的法律，还是外国的法律。萨维尼注意到，由于法律关系本身的复杂性，既不能仅仅根据一个当事人的属人法确定法律适用，也不可能找到一个解决所有冲突问题的实体规则，只能综合地分析每种法律关系的性质，找到一个能约束整个法律关系的法律规则。他认为这种规则就是当事人"自愿地选择服从一种特别法"。这种选择应该是唯一性的，即"在一些场合，为调整某一种法律关系，当事人在选择特别法时，可能会更宁愿适用的法律"②。也就是说，法律关系与法则之间存在着一一对应的关系。强调法律关系与法则之间的唯一对应性，体现出萨维尼理论的普遍主义倾向，即将各个国家的法律视为平等的存在，法院地法并没有特殊优势，只能同其他法律一样有赖于冲突规范的选择来适用，并接受有可能不能适用的结果。柯里的"政府利益分析说"对此提出了反驳。柯里首先指出，由于各州在将实体法适用于案件时很可能具有政策利益，因此，在涉及具体案件时，应该首先分析各州适用其各自的实体法所具有的利益。一旦本州的实体法在适用时具有利益却未能适用，就破坏了这种政策利益的实现，这显然不是立法者和法院希望得到的结果。特别是在私法案件中，各州都非常关注对本州居民的保护，因而应重视法律以人为主导这一事实③，当案件涉及本州居民时，尤

① See "Milliken v. Pratt", *125 Mass.*, 1878, p.374 .

② ［德］萨维尼：《现代罗马法体系》（第 8 卷），李双元等译，法律出版社 1999 年版，第 62 页。

③ See Brainerd Currie, *Selected Essays on the Conflict of Laws*, Duke University Press, 1963, p.420.

其要考虑适用实体法为居民带来的保护。

但是，这并不是说，此类案件中所涉及的法律关系与合同缔结地的法律规则具有唯一对应的关系。柯里以"政府利益分析"为立脚点，分析了案件的四个连结点：原告的住所地（营业地）、被告的住所地、合同缔结地和提请诉讼的法院地。并将这四个因素分别与本州（法院地州）和外州的不同情况进行组合，推论出16种情况，然后通过比较分析论证传统冲突法理论的不合理之处。结合"米利肯诉普拉特"案，这16种情况分别是：

如果合同缔结地为马萨诸塞州，这样一来，根据传统冲突法理论，本案就应适用马萨诸塞州的法律，不论原被告双方是否是马萨诸塞州的居民，也不论诉讼发生地是否在马萨诸塞州中，同样，如果合同缔结地为缅因州，就应适用缅因州的法律。柯里认为，这硬性的法律选择规则完全有可能导致不合理或荒谬的判决结果。马萨诸塞州法律的政策利益在本案中可以起到保护本州已婚妇女利益的作用。据此，以马萨诸塞州为本州（D）以缅因州为外州（F），假定合同缔结地和提请诉讼均为马萨诸塞州（DD），就会出现下述4种情况：(1) 如果本案原告（债权人）为马萨诸塞州居民，被告为缅州已婚妇女（DFDD）[1]，那么对于马萨诸塞州来说，由于马萨诸塞州的法律并不保护非属马萨诸塞州的已婚妇女，因而适用合同缔结地马萨诸塞州的法律没有利益可言；而对于缅州来说，由于债权人为马萨诸塞州人，因而对于保护商事交易也没有利益可言。"简而言之，适用本州法对两州都无利益可言，并且会损害马萨诸塞州自己的一项重要利益。"[2] (2) （FDDD）如果原告为缅州人，而被告为马萨诸塞州已婚妇女，在这种情况下，适用合同缔结地马萨诸塞州的法律就是合理的，它可以使马萨诸塞州的妇女得到保护且不损害马萨诸塞州债权人的利益。当然，可以肯定说，缅州确保交易安全性的利益就落空了，但在柯里看来，法院没有理由拒绝支持本州的利益。(3) （FFDD）原告和被告均为缅州人，那么适用合同缔结地马萨诸塞州的法律无疑是"横

---

[1]　在柯里的论述中，"D"（domestic）指"本州"，"F"（foreign）指"外州"，如"DFDD"按字母顺序是指"本州原告（债权人）、外州被告（已婚妇女）、合同缔结地为本州、法院地为本州"，余此类推。文中的本州皆指马萨诸塞州。

[2]　Brainerd Currie, *Selected Essays on the Conflict of Laws*, Duke University Press, 1963, pp.369-370, p.91.

加干涉"①。而且由于缅因州的法律未能适用，缅因州保护商事交易的政策利益也无法得到实现，"交易安全性的正当利益"就被否定了，同时对马萨诸塞州的政策利益也无所增益。一方面没有一个州的利益能实现，另一方面还有可能使一州的利益受损，"这无疑是奇怪的做法"②。马萨诸塞州的法院没有必要在无损于马萨诸塞州政策利益的情况下做出不利于缅因州政策利益的判决。（4）（DDDD）如果原告和被告均为马萨诸塞州人，则当然适用马萨诸塞州的法律，但此案也不属于涉外案件。

如果合同缔结地为缅州而提请诉讼地为马萨诸塞州（FD），上述 4 种情况分别为：（1）（DFFD）马萨诸塞州法院适用合同缔结地缅州的法律，可以保护马萨诸塞州债权人的利益。（2）（FDFD）马萨诸塞州如果适用合同缔结地缅州的法律，则无法保护本州已婚妇女的利益。（3）（FFFD）马萨诸塞州会选择适用合同缔结地缅州的法律，而不是法院地法，否则就是横加干涉。（4）（DDFD）马萨诸塞州如果适用合同缔结地缅州的法律就是"非常奇怪的事情"。

如果合同缔结地为马萨诸塞州提请诉讼地为缅州（DF），那么：（1）（DFDF）马萨诸塞州会指望缅州法院适用法院地法，如果适用合同缔结地马萨诸塞州的法律，则无法保护本州债权人的利益，反而会保护非本州已婚妇女的利益。（2）（FDDF）马萨诸塞州会指望缅州法院适用合同缔结地马萨诸塞州的法律。（3）（FFDF）马萨诸塞州指望缅州适用合同缔结地法属"横加干涉"，于马萨诸塞州无利益，反而会损害缅州的利益。（4）（DDDF）马萨诸塞州会指望缅州法院适用合同缔结地马萨诸塞州的法律。

如果合同缔结地和提请诉讼地都是缅州（FF），那么：（1）（DFFF）马萨诸塞州会指望缅州法院适用合同缔结地法(也就是法院地法)。（2）（FDFF）马萨诸塞州会指望缅州法院适用马萨诸塞州的法律，以保护马萨诸塞州妇女的利益；缅州则会适用本州法即合同缔结地的法律，以此保护本州债权人的利益。（3）（FFFF）马萨诸塞州指望缅州适用马萨诸塞州法律纯属"横加干

---

① Brainerd Currie, *Selected Essays on the Conflict of Laws*, Duke University Press, 1963, pp.369-370, p.91.

② Brainerd Currie, *Selected Essays on the Conflict of Laws*, Duke University Press, 1963, pp.369-370, p.182.

涉",因为,此案为缅州的非涉外案件。(4)(DDFF)马萨诸塞州会指望缅州法院适用马萨诸塞州法律,而缅州适用缔结地法也属"横加干涉"。

从上述 16 种情况的推论来看,除了(DDDD)和(FFFF)为内州案件外,其余 14 种情况中,真正有理由适用"合同缔结地"法律的,只有(DDDF)、(DFFF)、(DFFD)、(FFFD)、(FDDD)和(FDDF)6 种情况,其中(DDDF)、(DFFF)和(DFFD)这 3 种情况,使本州利益得到促进,且没有损害外州的利益;(FFFD)外州利益得到促进,但没有损害本州的利益;(FDDD)和(FDDF)本州利益得到促进,但牺牲了外州的利益。另外 8 种情况如果适用"合同缔结地"法律,不是"横加干涉"就是"非常奇怪的做法",其中(FDFD)和(FDFF)外州的利益得到促进,但牺牲了本州的利益;(FFDD)和(FFDF)破坏了外州的利益,本州的利益也没有得到促进;(DFDD)、(DFDF)、(DDFD)和(DDFF)破坏了本州的利益,却没有促进外州的利益。由此可见,萨维尼把一种法律关系置于一个固定的连结点(本座)上,就有可能导致非常荒唐、非常可笑的判决结果。

柯里将对涉外案件法律适用的分析始终放在案件牵涉的具体利益的层面探讨,这就在很大程度上避免了他所举出的传统法律选择方法的不合理之处。尽管他的结论会导致法院地法的大量适用,但这种分析模式的出现,却为传统冲突法理论敲响了警钟:无论对法律选择规则如何完善,如果对于一种法律关系只规定唯一一个本座,必然会在某些情况中陷于不合理的境地。无疑,柯里的分析的确切中了萨维尼范式的弊端,他实际上是指出,只要州与州或国与国之间存在着法律冲突,换句话说,只要冲突法存在一天,为法律关系寻找固定连结点的方法就是不可行的。"政府利益分析说"极大地动摇了传统冲突法理论体系的立论基础,否定了法律关系与应适用的法律(准据法)间一一对应的关系,这一点成为对传统冲突法范式最有力的冲击。

(二)柯里特殊主义的强硬立场及其内在缺陷

从上述分析,我们也可以看出,在法律选择问题上,柯里的出发点是通过法律形式表现出来的政府的政策利益,而且是法院地政府的政策利益。也就是说,无论在何种情况下法律选择都应最大限度地满足法院地政府的政策利益,至少不能与法院地政府的政策利益发生冲突。为此,柯里推出下述法律选择的方案：

如果法院地州在法律适用上具有利益，则必须适用法院地州的法律，不必考虑外州在法律适用上的利益①。如果两个州对适用各自的实体法均有各自的利益，这两项利益是不能进行权衡的，也无法判断出哪个州的利益更大。此时一国的法官本就不应该牺牲本国的利益来成全其他国家的利益。

如果两州均无利益，则应替代适用法院地法②。因为在这种情况下，没有理由选择法官不熟悉且无法增进他州利益的法律。

如果法院地州无利益，且能确定外州具有利益，则应适用外州法律③。同时，如果存在两个以上外州，而仅有一州有利益，则适用该州的实体法④。

如果两个或两个以上外州都具有利益时，柯里指出，法官应当设身处地地选择实体内容更好的规则（更开明、更人性等）或者适用法院地法⑤。同时他认为如果他是法官，则会选择适用法院地法而非其他大胆的做法⑥。因为"一州以牺牲本州居民和企业的利益来对外州居民慷慨是一回事，但以牺牲一个外州居民和企业的利益对另一个外州的居民和企业慷慨是另一回事。"⑦ 在他看来后者是一种非理性的利他主义。

柯里用上述推论来佐证"政府利益分析说"的优势地位。他认为，如果抛弃传统冲突规则，使用利益分析的方法，那么法院地与合同缔结地就成为无关紧要的因素，案件的情形就可以简化为四种情形。在这四种情形中，对于马萨诸塞州来说，如果已婚妇女是马萨诸塞州居民，那么债权人是马萨诸

---

① See Brainerd Currie, *Selected Essays on the Conflict of Laws*, Duke University Press, 1963, pp.369-370, p.184.

② See Brainerd Currie, *Selected Essays on the Conflict of Laws*, Duke University Press, 1963, pp.369-370, p.184.

③ See Brainerd Currie, *Selected Essays on the Conflict of Laws*, Duke University Press, 1963, pp.369-370, p.156.

④ See Brainerd Currie, *Selected Essays on the Conflict of Laws*, Duke University Press, 1963, pp.369-370, p.321.

⑤ See Brainerd Currie, "The Disinterested Third State", *28 Law & Cont. Prob*, 1963, pp.779-780.

⑥ See Brainerd Currie, "The Disinterested Third State", *28 Law & Cont. Prob*, 1963, p.780.

⑦ Brainerd Currie, *Selected Essays on the Conflict of Laws*, Duke University Press, 1963, pp.369-370, p.495.

塞州人和债权人是缅州人这两种情形，适用马萨诸塞州的法律均具有利益；如果已婚妇女是缅州人，那么相应的两种情形则没有利益。而对于缅州来说，除了在已婚妇女和债权人都是缅州人这一种情形下，适用马萨诸塞州的法律是没有利益的，其余三种情形则都是有利益的，因为只要有一方当事人是其居民，就存在保护商事活动的利益要求。根据这一分析，柯里进而将法律冲突分为"虚假冲突"和"真实冲突"两类①，指出在与案件相关的两个州中，如果只有一个州对于实体法的适用具有政策利益，就应该适用这个州的法律，这种情形就是法律冲突中的"虚假冲突"，意指没有政策利益上的冲突。"真实冲突"则是指案件所涉及的两个州，不仅在法律规定上有冲突，而且在政策利益上亦有冲突。当涉及真实冲突时，就可以适用法院地的法律保护自身的利益。

　　柯里的上述观点表明，他的"政府利益分析说"显而易见的是坚持一条非常强硬的特殊主义——国家主义乃至地方主义的思维路线和价值倾向。柯里本人也毫不隐讳自己的这一倾向。他公开宣称，一个州的法院没有必要牺牲本州的利益以促进他州的利益，一国的法官本也不应该牺牲本国的利益来成全其他国家的利益。从这一点可以看出，柯里的"政府利益分析说"的问题不在于他重视政府利益的分析，而在于他认为政府利益无从比较，因而最终将本州或本国的政府利益作为法律选择的基点，也就是将本州、本国的政府利益摆在高于一切的地位之上。这就使本州、本国的政府利益成为隐含的固定"连结点"，甚至可以说是一种不是"本座"的"本座"。

　　由于柯里强调任何法律关系并不具有唯一的、固定的连结点，也不必追求判决结果的国际一致性，这固然为法律选择的灵活性提供了活跃的空间，但同时也赋予法院或法官更大的自由裁量权，从而大大地强化了冲突法案件审理的不确定性和不可预见性。对此，我国国际私法专家韩德培教授在《美国国际私法（冲突法）导论》中从两个方面对柯里理论提出批评：其一，该学说很难确定支持各州法律的政策，而且作为内州法制定出来的法律的根本政策并不一定反映了州际案件中的利益；其二，让法院对各州法律的政策做

---

① 　柯里自己用的概念是"虚假问题"，但国际私法界在论及柯里的学说时，往往采用"虚假冲突"这个概念来指同一情况。

出解释相当于让法院承担了立法工作，同时，这种方法不但无法保证结果的统一性，而且也很难让案件当事人能预先对案件结果有所预测，因为无法判断哪州的利益更为重要①。韩德培教授的这两点批评点中了柯里学说的要害。

除此之外，柯里的"政府利益分析说"在方法论上也存在着两个方面的主要问题：

首先，柯里提出的体系虽然在论证上很严密，但也只是对"米利肯诉普拉特"案的四个连结点在两个州的背景下作了分析，而实际发生的案件很有可能远比这种分析更为复杂，如很可能四个连结点分属四个不同的州或国，甚至连结点的确定也是很困难的。在这种情况下，法官很难保证对各州或各国的政策利益做出准确的分析，这就使柯里的方法很难被应用到实际发生的比较复杂的案件中，缺乏普遍适用性。因此，柯里的"政府利益分析说"虽然在冲突法学界赢得了不少人的高度评价，认为它的确为打破国际私法传统、克服传统国际私法的弊端提供了新的思路和方法，但由于他的方法不具有普遍适用性，从而始终未能获得冲突法领域法学共同体的普遍认可。

其次，柯里关于"虚假冲突"与"真实冲突"的分析在于指出涉及案件的多个国家均对本国实体法的适用具有政策利益这一事实，但他主张，只要本州或本国具有利益，就应当适用本州或本国的法律。这种解决方案，不但无法真正解决冲突，反而促使冲突越变越明显、激化。事实上，法律冲突真正的意义就在于这种不同国家基于历史背景、文化体系、政策要求之间的不同而产生的碰撞，也正是因为各国在长期的历史发展中意识到，即使存在这种碰撞，也仍需要进行相互的交流与交往，并为了保护交流与交往的进行，必须在一定程度上化解这种碰撞的结果，才产生了如今被我们称为国际私法的法律部门。如果整个国际私法理论界都沿用柯里的"政府利益分析说"方法，一旦遇到真实冲突或无法权衡的冲突（本州无利益，另外多州均有利益的情形）就寻求法院地法的支持，那无疑只能使各国各自坚守本国法院地的领地、各自严密地守护领土范围内法律的权威性，竭力实现本国法律的政策利益，而置国际公正于不顾，这不但使法律冲突得不到公平合理的解决，反

---

① 参见韩德培、韩健：《美国国际私法（冲突法）导论》，法律出版社1994年版，第120页。

而会被国与国之间的利益对抗所强化。从这个意义上说，柯里的学说是向极端属地主义的倒退。这并非是冲突法界希望看到的结果。

如果从当今经济全球化、一体化的发展趋势上看，柯里的学说就更显示出一种与这一趋势背道而驰的特征。当柯里把"政府利益"作为法律选择的唯一标准时，并且从理论上支持法院做出仅仅符合本州或本国利益的判决，这实际上就是把法院彻底地变成了政府的附庸，这在一国之内，必然助长地方保护主义，而在国际社会，必然助长国家保护主义，这不仅在总体上不利于日益广泛的民商事交流，而且还以损害法律和法制的公正、平等价值为代价。而柯里本人也正是这样理解的，他公然宣称"冲突法是国内法的分支，更进一步说，是当可能存在本州与外州利益相互冲突的情形下，对本州法律的解释"①，并要求冲突法放弃"判决结果的一致性"这一目标。这实际上等于宣布，任何一国的法院都有理由对冲突法案件做出不合理、不公正的判决，因为任何国家的法院都没有必要牺牲本国的利益来促进他国的利益，甚至为了本国的利益牺牲他国的利益也是应该的。如果这个观念成为国际私法的原则，有谁能指望某国的法律能真正实现公正合理的要求？

二、走向新的范式："最密切联系原则"

从上述分析中可以看出，柯里的"政府利益分析说"在暴露了萨维尼范式的缺陷的同时，也暴露了自己的根本缺陷。这至少表明，如果把普遍主义和特殊主义绝对对立起来，采取二者必居其一的态度，都会陷入各自的局限性而不能自拔。它使冲突法学界普遍意识到，片面的普遍主义和片面的特殊主义都是行不通的，必须找到一种能够使二者协调统一，能够平衡各种价值要求和利益倾向的新范式。正是在这个背景下，诞生了当代冲突法理论至关重要的原则——"最密切联系原则"。

（一）最密切联系原则的产生与确立

"最密切联系原则"又称"最强联系原则"或"最真实联系原则"（The

---

① Brainerd Currie, "The Disinterested Third State", 28 Law & Cont. Prob, 1963, p.787.

Doctrine of the Most Significant Relationship or The Doctrine of the Closest Relationship），是指在处理某一涉外民事法律关系或涉外民事案件时，全面权衡法律关系的有关连结因素，通过质和量的分析，找出与该法律关系或有关当事人最直接、最本质和最真实的联系的法律加以适用的原则①。

最密切联系原则的产生可以追溯至 1963 年的"巴布科克诉杰克逊案"。该案案情及审判结果如下：

> 纽约州的原告巴布科克小姐由于乘坐同为纽约州的被告杰克逊夫妇的汽车在加拿大安大略省发生车祸而受了重伤，因而在纽约州对被告提起诉讼以指控其驾驶汽车时的过失行为。根据美国传统国际私法理论，依照美国《第一次冲突法重述》第384条的规定，由侵权案件导致产生的实体法权利与义务，应适用侵权行为发生地法律即加拿大安大略省法律。根据安大略省事故发生时有效的法律规定，"除为了盈利的商业性运载乘客以外，汽车的所有者或驾驶者对乘坐在车内的任何人由于身体受伤所遭受的任何损害或损失以致死亡不负责任"。但纽约州的法律规定，在这种情形下，汽车的所有者或驾驶员要负一定的责任。法官富德（Fuld）对该案进行分析后指出，案件的双方当事人均为纽约州居民且利益关系均处于纽约州，事故只是偶然地发生在安大略省因而与之发生联系，而安大略省的法律是为了保护安大略省的保险公司，因此，纽约州对该案件的联系和利益要比安大略省的联系和利益更为直接和重大。应当适用对该问题有最重大利益地方的法律，也就是适用纽约州的法律，给予原告以补偿。②

负责审理此案的富德法官没有秉承当时仍在美国盛行的既得权理论，而是引入重力中心（center of gravity）或连结因素聚集（grouping of

---

① 肖永平、任明艳：《最密切联系原则对传统冲突规范的突破及"硬化"处理》，《河南司法警官职业学院学报》2003 年第 3 期。

② Babcock v. Jackson, 12 N. Y. 2d 473, 191 N. E. 2d 279, 240 N. Y. S. 2d 743 (1963).

contacts）理论进行法律选择，并且指出公平、正义以及最优的结果"只有给予与事件或当事人有关系或联系而且对诉讼中的特定问题拥有最大利害关系的法域的法律以支配性的效力，才能得到最好的实现"[1]。1972 年，富德法官在审理"纽迈椰诉库切纳"案[2]（Neumeier v. Kuchner）中，进一步显示出判断利害关系的规范性要求。该案是关于免费乘客遭受交通事故侵权的案件，在该案中富特法官提出了三条规则：（1）如果免费乘客与驾驶者在同一州有住所，且汽车是在该州注册登记的，那么该州法律就应支配和决定驾驶主人对其客人的注意标准。（2）如果驾驶者的行为发生在他的住所州，而该州法律不要求给予赔偿，一般情况下免费乘客就不能因为其住所地法规定其可以获得赔偿，而要求驾驶者承担责任。（3）如果乘客与主人位于不同的州，一般应适用事故发生地法。此三条规则成为在交通事故侵权案件中适用最密切联系原则的规范，从而避免了最密切联系原则适用的随意性。富德法官的这些观点得到了美国冲突法理论界和司法界的广泛认同。这种方法在提出一种普遍原则以追求法律公正的同时，也充分吸收了柯里利益分析方法的优越之处。利益分析模式主要用于解释法律冲突的实际情况和确定涉外案件本身所包含的各种利益因素，明确指出法律与立法者意志有无法割裂的关系，以及法律被创造出来所希望实现的政策目的。这些都是以往的冲突法理论或萨维尼范式所忽视的现实因素，同时也是柯里的"政府利益分析说"提醒人们注意的问题。但是，柯里理论所具有的明显的特殊主义倾向，容易使人对其判决结果的公正性产生怀疑，而且他的方法也会导致利益分析的高度复杂化。相比之下，"巴布科克案"和"纽迈椰诉库切纳"案的解决方案显然更容易接受，一方面，对连结因素的全面考虑克服了传统法律选择方法的机械性和僵硬性，另一方面，将利益分析的方法内化为从质和量两个角度判断连结因素重要程度的考量，而且简单易行，便于司法判断。这种思想和方法后经美国法学家里斯（Reese）的研究和评论，最终凝结成为"最密切联系原则"，即：在选择某一法律关系的准据法时，要综合分析与该法律关系有关的各种因素，确定哪一个地

---

① Babcock v. Jackson, 12 N. Y. 2d p.481.

② Neumeier v. Kuchner, 31 N. Y. 2d 121 (1972).

方（或国家）与案件的事实和当事人有密切的联系，就以该地方（或国家）的法律为法律关系的准据法。里斯将这一原则贯彻到 1971 年由他主持编纂的《第二次冲突法重述》中。

尤其值得注意的是，"最密切联系原则"虽然在理论上和方法上充分吸收了柯里"政府利益分析说"的合理因素，但同时又在一定程度上扭转了在柯里那里表现出来的特殊主义与普遍主义势不两立的强硬态度，吸收了"法律关系本座说"为代表的传统国际私法理论的优长之处。萨维尼"法律关系本座说"强调法律关系的"本座"就是一定的法律关系依其性质与一定地域之间的固有联系，而适用于一个法律关系的准据法应该是这个法律关系的"本座"所在地的法律。这个思想隐约地包含着一种为法律关系确定最密切联系的法律规则的意义，只不过，它把这个最密切联系固定在一个稳定不变的连结点上，从而具有僵化的形式主义特征。"最密切联系原则"没有完全否认法律关系本座说建立起来的冲突法模式，仍然以确立连结点即选择准据法为解决法律冲突的基本方法。有人认为最密切联系是法律选择适用的原则性指引规范，而不是连结点。这个看法并不十分准确。所谓"连结点"是指把涉外民商事关系与一定地域联系起来的纽带或媒介，因而"最密切联系原则"与萨维尼范式的根本区别不在于要不要或有没有连结点，而在于这个连结点所确立的涉外民商事关系与一定地域之间的联系是实质性的，还是仅仅为形式上的。正是在这一点上，"最密切联系原则"吸收了"政府利益分析说"的合理之处，着眼于对具体案例中各个连结因素进行综合比较，在此基础上做出利害分析和权衡，从而使法律选择并不僵化地固定在一个连结因素上，而是体现出实质上的"最密切联系"。而且按照"最密切联系原则"在各种具体的连结因素中确定连结点，也使案件审理避开了柯里方法的繁难操作，相对简单易行。当然，由于连结因素的复杂性和多样性，"最密切联系原则"的运用在很大程度上取决于法官本人的司法经验、理性认识和价值取向，但从根本上说，这个原则所要求的是从诸多连结因素中客观地确定最能体现本质利害冲突的连结点，以此指引准据法的选择。该原则综合地考虑了萨维尼范式及冲突法革命中出现的利益分析理论的合理性因素，力求克服二者各自的局限性，在理论上达到一种"衡平"。在这个意义上，我们可以将这种以"最密切联系原则"为核心的冲突法范式称为"衡平范式"①。这个范式在理论上的建树主要表现在如下三个方面。

首先，从精神实质上讲，在普遍主义与特殊主义的对立中，这个范式选择具有综合"普遍主义"与"特殊主义"价值判断的特征，既区别于理想的同时又是片面的普遍主义，又有别于绝对的同时也是片面的特殊主义。该原则承认主权国家或自治州在冲突法中的地位，把可能遇到的障碍性因素纳入法律选择的考虑之中，指出成本、利益、政策以及法律易于认定等都是决定是否有密切联系的因素；另一方面，在理论原则或精神实质上又不像传统特殊主义者那样过分夸大国家主权或地方自治权力的作用，更不像柯里那样最终把本州或本国法的适用置于压倒一切的最高地位上，而是以一种开放性的姿态要求准据法的选择综合考虑国际社会和民族国家的因素，主张平等地考虑各方因素以决定法律的适用。如《第二次冲突法重述》第 6 条规定法官在进行法律选择，判断何地的法律是最密切联系的法律时，要考虑如下 7 个方面的因素："州际和国际制度的需要；法院地的有关政策；在决定特别问题时其他有利益州的有关政策及其相应利益；公正期望的保护；构成特别法律领域的基本政策；法律的确定性、可预见性和统一性；法律易于认定和适用。"这 7 个方面的因素没有先后顺序的排列，而是希望法院在冲突法的不同领域根据具体情况分别有针对性地对某一特定因素或某些因素的重要性做出自

① "衡平"（equitable）一词的本意是公平、合理、平衡。汉语中"衡平"一词的使用不多，较早的用法可见于清朝杨潮观著《开金榜朱衣点头》一文中"今司文柄，鉴空衡平，不受一毫请托"。胡士莹校注："鉴空衡平，明察持平的意思。鉴空，言胸无成见。衡平，衡量公平。"英语中的"equitable"意指能够以公平合理的方式平等对待每一个人。可见，公平、平等、不偏不倚是"衡平"这个概念的核心。法律中的"衡平"指的是一种法律理念，源自西方法律传统。亚里士多德曾指出衡平就是事实上的公正，是对法律正义的校正（参见［爱尔兰］约翰·莫里斯凯利：《西方法律思想简史》，王笑红译，法律出版社 2002 年版，第 27 页）。沈宗灵教授则认为西方法律体系中的"衡平"概念有多个含义：一是指基本的"公正"、"公平"、"正义"等含义；二是指严格遵守法律的一种例外，即在特殊情况下机械地遵守某一法律规定可能导致不合理、不公正的结果，因而采用另一种合理的、公正的标准；三是指英国自中世纪中期开始兴起的与普通法或普通法法院并列的衡平法或衡平法院（参见沈宗灵：《比较法总论》，北京大学出版社 1987 年版，第 171—173 页）。总之，法律中衡平的精神是为了实现正义的结果而对刚性的、严格的法律的补充，正是这个含义使笔者将"衡平"这一概念引申到冲突法的第三个范式中来。

已的判断，以求所选择出的实体规则能够实现个案公正的目标。由此可见，"最密切联系原则"力求克服传统普遍主义的片面性，同时又排除了特殊主义短视、功利化的缺憾，达到普遍主义与特殊主义的衡平。

其次，从规则范式上讲，"最密切联系原则"体现了"规则"与"方法"的衡平。如果说"法律关系本座说"是冲突法规则的捍卫者，那么美国冲突法革命以来的种种学说就可以说是冲突法方法的拥戴者。萨维尼范式提出之后，冲突法的规则体系在百年的跌宕间逐渐固定下来，但由于适用冲突法的社会环境不断发生变化，使固定的规则逐渐呈现出僵化的弊病，无法适应高度复杂化的法律冲突问题。而以"政府利益分析说"为代表的特殊主义则倾向于抛弃萨维尼理论以降形成的完善而庞大的冲突规则体系，转而以利益分析的"方法"确立准据法的适用。这个倾向虽然有助于克服冲突法规范体系过于僵化的缺点，但也给冲突法带来了更大程度的主观任意性，而忽略了法律的确定性。"最密切联系原则"说力图协调这二者之间的矛盾，它扬弃了传统冲突规范的僵化性和机械性，保留了其中间接调整方法和以连结点指引准据法的方式，同时通过吸收政府利益分析说的合理性内容，综合考虑各种连结因素，依靠设定弹性连结点或主观连结点增加了冲突法的灵活性，并赋予法官一定程度的自由裁量权。从这个意义上说，"最密切联系原则"就是一个能够最大限度地包容利益分析方法的冲突规范。

最后，从法律正义的价值取向上看，最密切联系说在一定程度上实现了形式正义与实质正义的衡平。对于法律的价值评判最终都要回归到"正义"的理念中来。从巴托鲁斯到萨维尼，在国际私法几百年的发展历史中，形式正义始终是主导性的价值取向。巴托鲁斯的形式正义表现为从规则的语法形式上区分法律规则，以此为法律选择的依据；萨维尼的形式正义表现为给法律关系确定固定的连结点，以此指引法律规则的选择。这两种范式所追求的形式正义就是希图创设并完善冲突规则，保证明确、一致、稳定地选择出准据法，最终达到审判结果的公正性、一致性和可预见性。这个要求代表了法律理论和实践的一般要求，无可厚非。但是，单纯的形式正义忽视了具体案件本身所包含的当事人之间的权利义务关系和更为复杂的利益因素，也就是忽视了案件本身的实质性内容。这就如同柯里所分析的那样，这种片面的形式主义要求往往在具体案件的审理中产生非正义的甚或荒唐的结果。而冲突法革命时期的各种学说理论则似乎走向了另一个极端,"结果选择说"、"较好法律说"、"政府利益说"等都强调根据具体案件的实体性要求确立准据法,以谋求案件审理结果能够更好地体现实质上的正义。然而,主张根据个案可能的结果或个案的利益关系进行法律选择,而并不要求甚至排斥建立具有普遍性意义的冲突规则,这就必然使个案审理难以达到一致性、确定性和可预见性,并且在政府利益无法权衡的情况下,不可避免地走向特殊主义和国家主义,从而不能保证实质正义的实现。比照之下,"最密切联系原则"本身就是一个指引法律选择的普遍规则,尽管它有一定的弹性,但这种弹性是有限度的,并且能够得到必要的规制。重要的是,该原则始终强调在选择准据法时要考虑"结果的确定性、可预见性与一致性",这完全符合冲突法形式正义的一般要求。同时,"最密切联系原则"变单一连接点为弹性连接点,扩展了准据法选择的空间,在确定"密切"与否的过程中综合考虑个案中的各种连结因素,使法官能具有一定的自由裁量权以根据实际情况确定法律关系的连结点,从而保证了个案审理达到实质上的公正,亦即实现实质正义的目标。

根据上述三个方面的分析,本书认为"最密切联系原则"的出现,初步实现了冲突法范式的第二次更替。当然,作为"范式","最密切联系原则"的现有理论还是不够完备的,如很多学者所指出的那样,这个原则还缺乏精确的内容,并包含着一系列尚待解决的问题。关于这一点,本书将在下一章做出分析。但不能否认,这个原则在普遍主义—国际主义和特殊主义—国家主义、形式正义和实质正义的二元对立中找到了融合二者合理性因素的途径,因而它具有不可忽视的发展前景。它从根本上改变了以往冲突法学者对普遍主义或特殊主义的偏执态度,将学者的注意力转向谋求普遍主义和特殊主义、形式正义和实质正义的融合统一,代表了当代国际私法研究的主导趋势。

(二)"最密切联系原则"在法学共同体中的反应

本书之所以将"最密切联系原则"称为新的冲突法范式,不仅是由于它的理论给国际私法界注入了新的思想原则,更重要的是,它日益在国际范围内得到冲突法领域法学共同体的认同和响应。该原则以法律原则的形式而非冲突法方法的方式出现，使得各国都能够根据自己的需要和理解在自己的立法中加入对这一原则的规定，而不必推翻自己本身的法律传统。

对于《第二次冲突法重述》后的美国，"最密切联系原则"成为指导法律选择的首要原则，并在《第二次冲突法重述》中第 6 条、第 145 条、第 188 条的规定明确地将该原则引入了合同、侵权领域。1978 年《奥地利联邦国际私法法规》在总则第 1 条中开宗明义地指出："与外国有连结的事实，在私法上，应适用与该事实有最强联系的法律；本联邦法规所包括的适用法律的具体规则，应认为体现了这一原则。"这条规定明确指出，最密切联系（最强联系）原则是整个奥地利法规的基础，法规在确定每一项法律适用时都要体现这一原则。以瑞士为代表的一些欧洲国家，考虑到法律本身的滞后性，为防止这种滞后性可能带来的不利后果，把"最密切联系原则"作为补充性原则写入法律规则系统，如在《瑞士联邦国际私法典》的第 15 条的例外规范中规定如下：（1）如果从全部情况来看案件显然与本法指定的法律有很松散的联系而与另一法律却有密切得多的联系，本法所指定的法律即例外地不予适用。（2）前款规定在当事人已进行法律选择的情况下不予适用。

在我国，"最密切联系原则"也被纳入涉外经济的法律规则中，作为具体的冲突规范加以应用。如我国《涉外经济合同法》第 126 条第 2 款的规定："涉外合同的当事人没有选择的，适用与合同具有最密切联系的国家的法律。"此外还有《民法通则》第 145 条、《海商法》第 269 条等类似的规定。在这些规则中，最密切联系显然是被当作一个连结点而使用。需要注意的是，我国 2011 年 4 月起正式开始实施的《中华人民共和国涉外民事关系法律适用法》在"一般规定"的第 6 条中写入了"最密切联系原则"，似乎是将其视为我国国际私法的一项基本原则，但该原则到底在解决法律冲突中应优先适用，还是作为"剩余规则"，是于实在无其他冲突规则时或适用其他规则无法解决法律冲突时适用，在本法及其后出台的法律解释中并无定论。这一方面体现出我国立法者对该原则法律性质和地位认识上的模糊；同时也是一个留待我国国际私法共同体去研究和解决的问题。

在国际上也出现了一些包含"最密切联系原则"的条约，如 1980 年《欧洲共同体关于合同义务的法律适用公约》（1980 年罗马公约）第四条第一款规定："合同将适用与其有最密切联系国家的法律。"立法上的充分肯定和实践中的广泛应用都可以证明"最密切联系原则"在当今冲突法领域的超然地位。此外，《国际货物销售合同法律适用公约》第8条第1、2款规定："在未按照第7条选择销售合同法律适用时，合同应受卖方在订立合同时设有营业所的国家的法律管辖……"，第3款规定："作为例外，如果根据整个情况，合同明显与本条第1款与第2款应适用于合同的法律以外的另一法律有更密切的联系，则合同受另一法律的支配。"

　　各国对"最密切联系原则"的理解和使用不尽相同，但普遍认同它的有效价值，并将其运用到司法实践中，这就彰显出这一原则所具有的范式特征。

第五章　冲突法理论范式的发展趋势

在美国的冲突法革命中诞生的"最密切联系原则"标志着一种新的冲突法范式即"衡平范式"正在形成。该原则已经在国际私法界的法学共同体中得到了相当广泛的认同，尽管有着不同法律传统的国家对该原则的理解和运用不尽相同，但毫无疑问的是，围绕"最密切联系原则"的理论思考和法律实践主导了当代冲突法发展的基本趋势。这当然不是说，"最密切联系原则"本身已经是一个完成了的、成熟化了的冲突法范式，它还存在着一系列亟待解决的问题。但是正是这些问题以及解决这些问题的努力为我们判断冲突法发展趋势提供了依据。为此，本书在这一章，首先分析"最密切联系原则"本身所存在的问题，然后从形式正义与实质正义的统一、普遍主义和特殊主义的统一这两个层面，也就是从冲突法范式的价值取向和原则立场上分析冲突法理论发展的基本倾向。

第一节　"最密切联系原则"的局限性和隐患

一、"最密切联系原则"的基本缺陷

就"最密切联系原则"的运用在现阶段所能达到的效果上看，该原则的局限性是非常明显的。我国国际私法专家肖永平和学者任明艳在《"最密切联系原则"对传统冲突规范的突破及"硬化"处理》一文中从五个方面分析

了这个原则的局限性：

其一，该原则"弱化了结果的确定性、可预见性和一致性"。该原则给予法官较大的自由裁量权，使当事人失去了对其行为后果进行预先判断的标准，同时也不能保证个案的公正。

其二，该原则具有法院地倾向。法官在对案件进行质与量的分析过程中，常常带有地域上的偏见，当其对所选的法律内容即其背后所包含的目的、政策进行分析，决定该规则与案件的密切程度的时候，政府利益的分析往往具有凌驾一切之上的重要性，因而易于导致倾向于选择法院地法。

其三，该原则的适用是英美法系和司法制度的产物，如何与大陆法系统相融合，尚需深入研究。在英美法系传统中，法官有相对较大的自由裁量权，个案审理注重公平与正义的追求是衡平法传统的实质，法律规定的含义必须结合司法判例进行理解，并不把确定性作为最高价值目标，"最密切联系原则"增强冲突法规范灵活性的意旨和手段与此相符。而大陆法系历来不允许法官意志渗入法律的创制与解释，在案件审理中缺乏必要的自由裁量权，强调立法的明确、清晰、逻辑严密，以确定性为其最基本的信条和目标。"最密切联系原则"的采用极大地触动了大陆法系国家的立法和司法制度，但审理国内案件的依法办事与涉外案件的自由裁量如何协调还有待探索。在法律不健全的国家，法官的职业道德和素质更是致命的障碍。

其四，片面维护政府的利益，而当政府的利益和当事人的个人利益发生冲突，当事人的利益在夹缝中飘忽不定。在判断"最密切联系原则"的诸根据中，政府利益分析往往具有凌驾一切之上的重要性。如在美国的司法实践中，采用《第二次冲突法重述》中方法的法院通常不是按照特定的联系去确定有最密切联系的州，而是通过政府利益分析的方法去确定哪一个州的法律具有重要联系。由于适用法律的出发点都在于维护政府利益，其间的转换过程也令人难以捉摸。

其五，"最密切联系原则"本身具有不确定性。各国对具有最密切联系的主体和客体各有不同的理解。此外，"最密切联系原则"既是一个连结点，又是一种寻找连结点的方法。但它不同于一般的连结点，它是一个具有指导性的抽象原则，由此决定了他在司法实践中应用的不确定性。由此可见，基于对"最密切联系原则"含义的不同理解，其适用结果也会大有差异。如果说法官的自由裁量和职业道德与案件的判决结果息息相关，则"最密切联系原则"本身的不确定性和原则性，也在一定程度上造成了法律适用的不确定性。[①]

肖永平教授的上述分析比较全面地指出了"最密切联系原则"在其目前阶段上所含有的基本缺陷。本书赞同这一分析所指涉的内容和所得出的结论。正是由于该原则这些局限性或缺陷，使它在理论上不够完善，而在实践上则包含着不能忽视的隐患。

二、"最密切联系原则"的优势和隐患

从肖永平教授对"最密切联系原则"的局限性的分析中，我们可以看出，"最密切联系原则"的优势与缺陷并存，而且其优势之处恰恰又是其隐患所在。

"最密切联系原则"的优势主要体现在如下两个方面：

首先，"最密切联系原则"的最大优势就在于它注重考察和分析涉外案件具体内容的复杂性和连结因素的多样性，所提供的法律关系的连结点和确定连结点的方法具有很大的灵活性或弹性。与传统国际私法以国籍、行为地、物之所在地等因素确定单一的、固定的连结点相比，它克服了法律选择形式的僵化性和判决结果的形式化特征，以一种开放、务实的精神，为选择法律提供了一个依据完整信息进行司法判决的现实途径，有利于个案审理在其实质内容上达到公正性和合理性，有利于案件中当事人合法权益的保护。法律冲突往往表现出纷繁复杂的外观，但其实质内容上总是一种利益的冲突，或者说以利害关系为主要线索。"最密切联系原则"的运用一方面要求辨析案件所包含的多种因素，如当事人意思、当地政策、案件性质以及不同法域等各方面客观因素，另一方面又能够以利益分析为主线，避开对细枝末节的纠缠，找到利益争端的焦点，通过对最密切关系的确定迅速化解纠纷，提高司法效率。在当今这样一个发展迅速、各种矛盾和问题层出不穷的社

---

① 以上关于"最密切联系原则"的五点局限性，见肖永平、任明艳：《"最密切联系原则"对传统冲突规范的突破及"硬化"处理》，《河南司法警察职业学院学报》2003 年 9 月。

会境况中，特别是在当今国际交往空前发展、国际矛盾日趋复杂的背景中，"最密切联系原则"的灵活性是迄今最能适应涉外案件高度复杂性和多样性的特征的。同时，如果这种灵活性能够得到准确恰当的运用，也有助于各国政府利益和社会普遍价值的实现，最有可能实现法律公平正义的秩序追求。

其次，"最密切联系原则"的灵活性，必然使其在具体运用中主要依赖于法官的司法判断，从而赋予法官极大的自由裁量权。这种自由裁量权可以说是达到个案公正的关键性环节，它使法官在整个案件的审判过程中能够充分发挥主观能动性，运用其在长期的司法实践中积累起来的经验和法律逻辑思维，本着公平正义的理念来分析和判断案件的具体内容，判定案件因素与法律的最密切关系，以此确定准据法的选择。同时，自由裁量权也为法官在法律精神的指导下运用法律进行创造性的劳动提供了可能性的空间。这一点在冲突法的发展中尤为重要，因为对于内容复杂的涉外案件来说，法官通过自由裁量权的合理运用所得出的公正的判决结果往往能够启发法学家从这一具有典型意义的案例中概括和总结出冲突法思想和有普遍适用性的规则。"最密切联系原则"本身的提出就得益于富德法官著名的案件审理。对于冲突法来说，由于必然面临不同法律体系的相互碰撞，因而司法审判过程虽然必须是在一定的法律原则的指引下进行，但也不能仅仅是一种简单机械地操作和运用法律条文的过程，而是能够并且要求法官发挥法律智慧辨析案情的客观因素，以此做出能够实现个案公正的司法判决。

然而，"最密切联系原则"的优势本身也包含着至今尚未得到很好解决的隐患。其主要问题在于，该原则的灵活性给予法官很大的自由裁量权，这是保证法律审判达到个案公正的关键性环节。这就必然会发生一个问题：如何避免法官滥用自由裁量权？自由裁量权同其他任何权力一样，如果没有必要的规范和限制，同样具有被滥用的可能性，甚至存在着被恶意滥用的可能性。赋予法官自由裁量权的前提是：法官本人具有良好的道德品质，始终能够本着客观公正观念和严谨严肃的法律精神对待所面对的案件；法官还应通晓法律的历史和理论，拥有丰富的司法实践经验，具备娴熟的法律技巧和很强的逻辑推断能力，从而能够对案情做出客观的、准确的分析。显然，同时具备这些才德的法官在现实中并不多见，而这些才德因素缺少哪一个都不能保证自由裁量权的运用达到预期效果。在法官缺乏这些才德因素的情况下，增加法官的自由裁量权，也就增加了随意适用法律的可能性，难以避免自由裁量权滑向法律裁决的主观随意性，并对法律公正和法律秩序的稳定构成威胁。在法律不健全的国家，法官的职业道德和素质更是致命的障碍。

"最密切联系原则"运用于司法实践所包含的另一隐患性问题是，如何避免法院地倾向。"最密切联系原则"充分吸收了柯里"政府利益分析说"的优长之处，将该原则与政府利益分析方法结合在一起，同时也力图克服柯里十分明确地维护本州或本国利益的特殊主义倾向，也就是法院地政府利益的倾向。但是在现实的运作过程中，法院地政府利益和法院地法倾向却没有因"最密切联系原则"这一普遍主义要求而得到有效的遏制。尽管法院原则上是独立于政府的司法机构，但它毕竟与政府同处一地；法官虽然是司法运行程序中的"中立者"，但他不可能不受所处社会环境对其施加的影响。在现实中，政府权力对司法的干预从来没有间断过，特别是在涉外案件中，一旦涉及本地或本国利益与外地或外国利益之争，法官由于拥有一定的自由裁量权，就很难避免把地域偏见或国家偏见带入判决过程和结果中，从而在法律选择中更偏重于法院地法的适用。在极端的情况下，"最密切联系原则"的实际运用甚至有可能蜕变为掩盖真实内幕的道具，由此构成对"最密切联系原则"精神实质的践踏。这表明，如果"最密切联系原则"不能有效地克服地域主义和国家主义倾向，就不能作为一个新的冲突法范式出现在国际私法的法学共同体中。

"最密切联系原则"在实际运用中所包含的隐患说明，要使该原则的运用不偏离追求冲突规范的确定性、一致性和可预见性的精神实质和最大限度地达到司法公正的目标，有必要形成一些原则性规范使其精神原则得到完整的贯彻。"最密切联系原则"的这种规范化，不是重蹈传统国际私法的覆辙，使该原则变成僵硬的法律形式；不是限制法律选择的灵活性和法官的自由裁量权本身，而是规范法官对灵活性和自由裁量权的运用。也就是说，"最密切联系原则"的灵活性和它赋予法官的自由裁量权本身不但不应被弱化，而且根据实际情况还可进一步增强，但是要最大限度地降低个人因素和地域偏见或国家偏见对司法裁决的影响，使即便才德不够优秀的法官也能够通过规范地行使自由裁量权达到令人满意的判决结果，并能够依据规范对法官的裁决做出评价。

第二节　衡平范式：形式正义与实质正义的统一

通过对"最密切联系原则"的优势和局限性的分析，我们可以从冲突法范式的价值取向上进一步理解冲突法理论的发展趋势。库恩的范式理论高度注重"理论本身的价值追求"和"塑造理论的科学共同体的价值追求"，这两种"价值追求"构成了科学理论发展过程中难以辨析清楚的精神因素或形而上学因素。理解这两种意义上的价值追求对于冲突法理论研究乃至整个法学理论研究都是十分重要的。正如美国著名法学家庞德（Roscoe Pound）所指出的那样，法律科学不能回避法的价值问题，"在法律史的各个经典时期，无论在古代和近代世界里，对价值准则的论证、批判或合乎逻辑的适用，都曾是法学家们的主要活动"①。法律的价值归根到底就是人在其国家生活中的存在价值，它通过个人的权利和义务的关系，也通过个人与个人、个人与群体（或组织）以及个人与社会的关系表现出来。法律作为有强制力的规范体系就是人们实现其存在价值的方式或手段，其基本功能就是要依照法律规则公平合理地解决任何可能发生的法律纠纷，平等地维护每个国民的在法律上得到确认的基本权利，维护社会的公共秩序和整体利益，亦即通过法律实现社会正义。因此，"正义"是法学的基本理念也是法律的普遍价值。国际私法的产生正是以法律正义为逻辑前提和基本目的的，国际私法的历史发展也始终贯穿着对法律正义的追求。尽管冲突法理论经历了若干次重大的历史转变，产生出众多不同的甚至相互对立的学说、思潮和流派，但没有哪一种学说或思潮放弃了对法律正义的追求。可以说，正义观是整个国际私法理论及其历史发展的精神实质或"灵魂"。

然而，虽然国际私法的各种学说和各个学派都在追求法律正义，但它们对"正义"的理解却不尽相同。美国法学家博登海默（Edgar Bodenheimer）不无幽默地说："正义有着一张普罗透斯似的脸，变幻极不相同的面貌。"也

---

① ［美］罗斯科·庞德：《通过法律的社会控制——法律的任务》，沈宗灵译，商务印书馆1984年版，第55页。

就是说，在不同的时代、不同的民族或国家，甚至在不同的法学家或法学家团体中，人们对正义的理解和判断充满差异，这也是法学研究中最难获得一致的问题。因为不同的学者基于不同的理论背景，在何为"正义"，追求哪一种正义，如何实现正义，等一系列问题上总会有不同的理解。不过，从另一个方面看，对正义的理解又并非绝对意义上的"因人而异"，在一定历史时期、一定的民族或国家中，乃至在一定的法学共同体中，人们对正义的理解又能在一定程度上达到颇为广泛的一致性。具体的法律规范之所以能够形成，也正是因为这些规范在法学共同体成员的眼中看来能够较大程度地实现法律和司法的正义，并且符合他们对法律正义的"共同理解"。同样，法学理论的发展与具体法律规范的变革，也往往是因为法学共同体成员在理解正义的内涵和实现正义的途径上有了新的突破。这不能不使我们注意到这样一个问题："对于正义的不同理解"构成了不同法学范式间相互区别的信念，而且由于信念不同，法学共同体在进行理论建构和法律建构的过程中就会秉承不同的价值追求。从这个意义上说，如果不同的法学范式在对法律的正义理解及由此形成的法学信念上不同，那么不同的法学范式间就会出现库恩所说的"不可通约性"或"不可翻译性"的特征，因为用此一理论的价值追求来判断能否实现彼一理论的信念，就难免出现相互不能理解的情况。这对于了解冲突法理论范式的发展过程来说，尤为重要。如笔者在前文中所分析的那样，冲突法的发展必然具有理论先行的特征。因此，考察冲突法理论发展过程首先需要厘清从属于不同范式的冲突法理论到底是基于怎样的价值信念，也就是基于何种正义观念而形成的，进而分析这种正义观念和价值信念是怎样通过具体的理论内容体现出来，由此探询冲突法范式的发展趋势。

一、形式正义和实质正义的理论辨析

就法律的正义价值而言，可以从形式正义和实质正义两个方面进行思考。所谓形式正义注重确立统一的、明确的和抽象的法律规则，要求对相同的案件适用相同的法律规则，并遵循相同的司法和诉讼程序，使判决结果严格地表现为法律规则的推演，从而达到判决结果的一致性、确定性和可预见性。因此，形式正义又被称为"规则正义"（Justice as regulative）、"程序正义"和"诉讼正义"。也就是说，形式正义指向法律规则和程序在形式上的合理性，着眼于形式和手段的正义性。与形式正义有所不同，实质正义则指向法律制度所指涉的实质内容，关注案件本身所包含的权力义务关系的具体内容、利益分析、价值判断以及案件涉及的普遍道德价值和具体的社会条件，要求案件的审理依据具体情况决定法律的适用，使判决结果能够真正维护当事人的合法权利，并有助于社会普遍利益的增进和道德价值的实现。从理论上说，法律正义就是由形式正义和实质正义构成的，二者不可偏废。片面地坚持形式正义而忽视实质正义，就会在案件的审理中无视案件的具体内容和实际情况，甚至无视判决结果是否真正达到法律公正，而满足于法律规则和程序在形式上的要求，这就会出现以牺牲个案公正为代价满足形式正义的事情；反之，如果片面地追求实质正义而忽视形式正义，就会在案件的审理中淡化法律规则和程序的形式要求，加大案件审理和司法判决的主观随意性，这不仅牺牲了形式正义，而且在很多情况下也不能保证个案公正的实现。

从理论上辨析形式正义和实质正义的关系并不是一个特别困难的事情，但在现实的法律实践中，这个问题就变得异常复杂，甚至扑朔迷离，使法学家和法学家共同体很难在理论上和实践上求其两全，在很多情况下，只能偏向其一，而且这种偏向又与一定时期社会发展对法律的要求密切相关。这一点在国际私法的发展中表现得特别明显。

从总体上看，国际私法的发展大致经历了从追求形式正义到追求实质正义，再到现今追求两种正义的统一这样三个历史阶段。一般来说，追求形式正义正是冲突法的起因。即便在民商事交流远不像今天这样发达的古代社会中，涉外案件的审理，如果只适用本地或本国的法律，而不承认外地或外国法律在本地或本国有其适用的合理性，或者只是希图保护本地或本国当事人的利益，而无视异地或异国当事人的利益，就不可能形成公正合理的解决机制，客观上就会给地域间和国家间民商事交流制造障碍。当法学家们意识到这一点，就必然要考虑外地或外国的法律在本地或本国的适用问题，从而也就必须思考哪些法律规则具有域外效力，哪些法律规则只具有域内效力，或者说，他们必须思考，外地或外国的哪些法律规则可以在本地或本国适用，哪些法律规则不能在本地或本国适用。显然，这些问题的解决不能是任意的，必须为法律规则的选择建立统一的标准，也就是建立一种具有普遍意义的规范，以此指引法律的选择，否则在存在着法律冲突的情况下，要么导致法律选择的落空，要么造成法律的滥用。这个思考，必然具有形式正义的特征，即追求法律选择和法律判决在形式上具有一致性、确定性和可预见性。这个思考也正是冲突法产生的思想动机。巴托鲁斯的"法则区别说"所提供的，或者确切地说，所能提供的只能是这种具有形式正义的冲突法规范，比如从语法形式上将法律规则区分为"人法"、"物法"和"混合法"，确认人法具有域外效力，而物法只有域内效力等等。这种形式主义划分固然没有照顾到法律规则所包含的实质内容，更不注重个案本身所包含的复杂因素，但却能够大致满足法律选择的一致性、确定性和可预见性的基本要求。从而使冲突法能够立刻具备成为法律规范的形式化要求，并因此具有管理此类社会生活的基本能力。此外，巴托鲁斯范式之所以只具有形式正义的特征，主要不是因为从千差万别的个案内容中抽取共同性因素十分困难，而是因为，这个范式本质上是一种以民族国家为本位的特殊主义范式。从创设之初就是为迎合当时各个城市国家追求独立自治权的强烈要求，并能在涉外纠纷中最大限度地维护自治国家的法律效力以及法律保护的地方利益或国家利益而出现的，因此它只能徒有法律的形式化特征，而不像内国法一般蕴含特定的道德准则要求和独特的共同意识。更确切地说，在当时意大利各城邦均在争取独立地位的历史背景下，不可能由其中一个城邦的某位法学家创设出一套法律规则，其中包含对实质利益的调配，还要求所有城邦都严格遵守。可以说"法则区别说"完成了将法律的形式与实质剥离的创举，创造了一种具有法律形式——因而具有客观约束力，但不具实质意义——因而不会有实质性损害，但又同时能够处理实质法律关系的规则体系，从而能够被当时大多数法学家和法学共同体普遍认可和接受。并且在民商事交往范围相对狭小、涉外纠纷并不十分普遍的巴托鲁斯时代，这种形式主义的规则能够大致满足大多数涉外案件的审理，因而具有普遍适用性。况且，在巴托鲁斯时代，所谓涉外纠纷主要是发生在地理位置、历史传统乃至语言文化相当接近的城市国家之间，涉外案件本身所包含的差异性因素并不是很大，往往可以忽略不计。

17、18世纪以后，随着资本主义生产方式的发展，资本的全球性扩张、殖民地的扩展和资本主义世界市场的形成，世界范围内的经济、政治和文化逐渐构成了一个各个民族国家在其中彼此相互依赖又相互制约的体系。世界上各个民族国家，尤其是那些地理位置彼此相距遥远、历史文化传统迥然不同的民族国家，都被纳入到这个体系中。国际交往的空前发展使涉外纠纷日益普遍化并具有高度复杂的内容。在这种情况下，以民族国家为本位创设体现形式正义的冲突法规范已经完全不能适应涉外纠纷的这种普遍化和复杂化趋势，客观上要求面向国际社会重新思考冲突法规范的合理性和正义价值。萨维尼的"法律关系本座说"应运而生。这个范式明确地宣称以"国际社会"为立足点，从维护和促进国际交往的普遍利益出发创建新的冲突法规范，使涉外纠纷的案件最大限度地达到公平合理的解决。萨维尼范式依然是以实现冲突法的形式正义为基本目标，因为就现实情况而言，当时的冲突法不可能有对实质正义的要求。这一方面要考虑到法律的一个固有属性——滞后性，尽管民事交往空前发展，个人可以自由地离开本来所属的地域与国际接轨，但不代表他的国家能够同时拥有与国际接轨的法律体系。萨维尼创设"法律关系本座说"之时，并非世界所有国家都拥有了完善的国内民商事立法，实际上，很多国家尚处于蛮荒而民智未开时期，各国在国内都不能保证实质正义的合理实现，又如何令冲突法追求实质正义的目标呢？另一方面，萨维尼理论提出的时机正是特殊主义愈演愈烈之时，尽管当时已有数百年的冲突法传统，但恐怕在萨维尼看来，冲突法与内国部门法并无本质上的不同，正如他所言"最大限度地实行主权独立原则，对外国人来说可能会导致把他们排除在法律保护之外"①。这根本就不是冲突法要实现的目标，如果不是本着在一定情况下保护外国当事人的利益的目的，从一开始就完全不需要考虑是否适用外国法，直接以本国法加以解决足矣。因此，从萨维尼的角度看，他无疑在重新创设冲突法，就这个意义而言，他的境地与巴托鲁斯创设"法则区别说"之时并无二致，所以他同样需要首先创造出符合法律形式要件的规则体系，唯如此，才能够被接纳为法律从而具有相应的效力。所以对萨维尼来说，形式要件的重要性要胜于实质要件的重要性，当技术上讲形式正义与实质正义不能两全时，舍实质而就形式已是无可争议的选择。"法律关系本座说"通过概括和抽象

---

① ［德］萨维尼：《现代罗马法体系》(第8卷)，李双元等译，法律出版社1999年版，第13页。

出涉外案件所能包含的各种法律关系，并依据法律关系的性质为每一种法律关系确定一个固定的、单一的连结点即"本座"，以此引导准据法的选择。也就是说，不论涉外案件的具体内容如何，只要确定该案件所包含的法律关系的性质，就可以无一例外地适用这个法律关系所指向的本座地的法律。显然，这种冲突法规范缺乏对案件实质内容的考虑。但它的确满足了冲突规范在形式上的一致性、确定性，从而具备了形成相对独立的、具有普遍适用性的国际私法体系的基本要求。

然而，当萨维尼范式把冲突法的形式正义从民族国家推向了国际社会之时，也使它的片面的形式正义随着它的理想化的普遍主义走向了极端。20世纪美国冲突法革命时期的许多法学理论家之所以纷纷挑战以萨维尼为代表的传统国际私法理论，其中一个重要的原因就是这种僵化、机械的冲突规范并不能保证实质正义的实现。由于在每个涉外案件中，当事人的自身状况、经济条件、利益要求、生活环境、社会联系很不相同，因而同样的法律规则可能导致不同的判决结果。也就是说，形式上的一致性未必能够保证判决结果在实质上的一致性。如柯里的"政府利益分析说"所指出的那样，这种用固定连结点来指引法律选择的形式，完全有可能会导致不公正、不合理甚至相当荒唐的判决结果。从更为一般的意义上说，法律的实质正义才是法治社会所要追求的目标，而形式正义则是要达到这个目标的手段和方式。因为，人们之所以要依靠法律手段来解决所面临的各种纠纷，就是要使个人的合法权利切实得到公平合理的保护，就是希望法律的解决最终能够促进社会一般道德价值和社会公共利益的实现。如果形式正义不能保证实质正义的实现，那几乎就等于失去了法律和法治的基本功能。

美国的冲突法革命激发了人们对法律实质正义的思考和追求。但又很快地把这种追求推向了极端的、片面的特殊主义。柯里的"政府利益分析说"综合分析涉外案件中所包含的多种连结因素，要求法院根据实际情况，以利益分析为主导，选择和确定连结点和准据法。这种方法的确比单纯的形式主义方法更有利于个案公正的实现，也就是有利于实质正义的实现。但是，柯里在此中却忽视了法律形式正义的要求，明确否认建立普遍的冲突规范的必要性，甚至说出"没有规则更好"这样极端的话。当他无法对不同地方或不同国家的政府利益做出比较和权衡时，他最终还是把本州或本国的政府利益置于其他一切法律考虑之上，强调一个地方或一个国家法院没有必要牺牲本地或本国的利益而去成全其他地方或其他国家的利益。如果把这一思想贯彻到国际私法中，根本无法保证判决结果的实质正义。由此可见，这种片面的、以牺牲形式正义为代价的对实质正义的追求同样会一反初衷地造成实质正义的丧失。

二、谋求形式正义与实质正义的统一

法律的形式正义是确保法律实质正义的手段和方式。从根本上说，法律的形式正义所追求的在法律规则、司法程序和判决结果上的形式合理性，即确定性、一致性和可预见性，正是法治社会的本质要求，当然也是国际私法的本质要求。德国著名社会理论家马克斯·韦伯（Max Weber）认为，法律的形式合理性就是要求法律具备"可预见性"，体现为普遍的、确定的和一致的形式，使人们能够据此对行为和法律后果进行必要的预计，"特殊的法的形式主义会使法的机构像一台技术上合理的机器那样运作，它为有关法的利益者提供了相对而言最大的活动自由的回旋空间，特别是合理预计他的行为的法律后果和机会的最大的回旋余地"[①]。正是由于法律和法制具有这种形式上的正义，才有可能使任何案件的当事人能够依据法律规则推演和判断出自己的合法权利或利益能否通过法律得到有强制力的保护，同时也使违法者减少以身试法的胆量。因此，在这个意义上，法律的形式正义正是公民确立法治信念的前提，使自己的权益受到非法侵害的当事人愿意并完全依靠法律来解决利益纠纷问题。如果法律不具有形式正义的特征或不具有形式的合理性，这无疑会断送法治社会本身。人们之所以在社会治理模式中选择法治、舍弃人治，其原因便在于相对于人治，法治更为稳定。如亚里士多德所言："统治者总是要遵守一些普遍的规则的；而且不受激情支配的统治者总的说来比易于感情用事的统治者要强。而法律决不听任激情支配，但一切人的灵

[①]　参见宋显忠、郑成良：《形式合理性，实体合理性与法律秩序的理性化——兼评马克斯·韦伯的法律理性化观点》，转引自《法哲学与法社会学论丛》（二），中国政法大学出版社 2000 年版，第 89 页。

魂或心灵难免会受激情的影响。"① 良好的法治可以使人们预见自己行为的结果，从而维持心理的安全感，而良好的社会秩序就在于人的行为符合规范，因此秩序与安宁是与公平并存的法律价值追求。

这一点对于国际私法来说，也同样是重要的。如果希望涉外案件的当事人愿意通过法律来保护自身的合法权益，就必须使冲突法规范具有形式正义和形式合理性的特征。问题只在于，法律的形式正义或形式合理性必须指向法律的实质正义或实质合理性。也就是说，形式正义的目的是通过法律实现实质正义。萨维尼范式的缺陷不在于它追求形式正义，而在于它在追求形式正义的同时淡化了对实质正义的考虑，以至于出现了以牺牲实质正义来满足形式正义的不良结果。如果这种情况仅仅是一些偶然的例外，倒也不影响萨维尼范式的普遍适用性。但是，如果像柯里指出的那样，在涉外案件中，由于具体情况的复杂性和连结因素的多样性，使萨维尼提供的法律选择方案不能保证个案审理的实质正义，即不能保证判决结果的实质合理性，那么片面地追求形式正义同样会打击涉外案件当事人对法制的信念。同样的道理，也可以用来分析片面的实质正义所存在的缺陷。法律的实质正义必然要通过法律的形式正义来实现，如果淡化法律的形式正义，或者以牺牲法律的形式正义来谋求个案审理的实质正义，这几乎难以避免地加大了个案审理的主观随意性。当然，我们可以寄希望于法院乃至法官本人的理性能力、经验积累、道德品质和正义感。但这种希望同样是不可靠的，因为如果寄希望于某个法院或法官的品德才能达到实质正义，就等于把实质正义的实现寄托在偶然性上。

形式正义和实质正义的确是冲突法理论所面临的两难问题。以"最密切联系原则"为核心的"衡平范式"表现出合理解决这个两难问题的理论努力。尽管这个原则目前还存在着诸多难以解决的问题，但它却是打破了形式正义和实质正义各执一端的片面性，为我们追求两种正义的统一或衡平打开了理论与实践的空间，并主导了现时期冲突法理论的发展趋势。

如本书前文所指出的那样，"最密切联系原则"是一种能够最大限度地

---

① [古希腊] 亚里士多德：《政治学》，颜一、秦典华译，中国人民大学出版社 2003 年版，第 106 页。

包容利益分析方法的冲突规范。因此，从形式正义和实质正义的统一这个角度看，该原则一方面具有明显的形式正义的特征，即为法律选择提供了一种普遍适用的形式规则，并追求司法过程和结果的确定性、一致性和可预见性；另一方面，它也明显具有实质正义的特征，即为法律选择提供了灵活性，赋予法官一定的自由裁量权，使案件的审理能够根据案件本身的具体情况确定准据法的适用，以保证判决结果在实质上具有正义性和合理性。但从目前来看，"最密切联系原则"的不足之处在于它所提供的普遍性的规则尚不足以实现法律选择的确定性、一致性和可预见性，而它所提供的灵活性也不足以遏制法院或法官在法律选择和判决结果上的主观随意性。而前者之不足恰恰又是后者之不足的原因。因此，进一步的发展很可能是通过完善"最密切联系原则"的规则体系强化该原则的确定性和一致性。这也是近些年来，国际私法界对该原则进行"硬化处理"的考虑。如我国国际私法专家肖永平教授在《"最密切联系原则"对传统冲突规范的突破及"硬化"处理》一文中所指出的那样："'最密切联系原则'的局限性决定了我们必须对其进行限制，将其'硬化'到传统的冲突法规则中去。"① 肖永平教授还在文章中列举了欧美国家将"最密切联系原则"进行"硬化"处理的几种情况。如在合同法律适用方面，大陆法系国家把"最密切联系原则"与合同的"特征性履行"结合起来，确定最能体现合同内容的履行因素就是与合同有最密切联系的因素。在建立合同法规则体系方面或者将"最密切联系原则"作为补充性规则，进而硬化为各种不同的规则；或者将该原则作为"逃避规则"的规定，既加强法律适用的灵活性又在一定程度上限制法官的自由裁量权。再如，在侵权领域，多数国家采取以侵权行为地为主，而以"最密切联系原则"为辅助和补充，等等。这些"硬化"处理，既考虑到冲突规范的确定性、一致性，同时又考虑到法律选择在方法上的灵活性，以谋求最大限度地达到形式正义和实质正义的统一。为此，肖永平教授在这篇文章的结语中指出："传统国际私法的确定性、可预见性和一致性应是'最密切联系原则'所追求的目标。因此，必须把传统规范与'最密切联系原则'相结合，在'最密切联系原则'

---

① 肖永平、任明艳：《"最密切联系原则"对传统冲突规范的突破及"硬化"处理》，《河南司法警察职业学院学报》2003 年 9 月。

对传统冲突规范进行'软化'的同时，也要把'最密切联系原则''硬化'
到具体的传统冲突规范中，找到灵活性和确定性的平衡点。"① 从形式正义和
实质正义这个角度，我们还可以补充说，"最密切联系原则"对国际私法的
确定性、可预见性和一致性的追求体现了法律形式正义的要求，而要使这种
形式正义能够真正成为最大限度地保证实质正义的手段，就必须把这种形式
正义内化到具体的冲突规范中，其中最关键的是要为判断是否具有最密切联
系提供严密而精确的分析方法，同时在法律选择问题上建立体现形式正义的
规则体系，这种规则体系不是为了限制法律选择的灵活性，更不是硬性地取
消法官的自由裁量权，而是避免灵活性滑向主观随意性，尤其是能够有效地
排除法官的地域偏见和政治偏见，防止法官利用自由裁量权做出不符合法律
公正和社会道德价值司法裁决。只有当"最密切联系原则"能够在冲突法规
则体系上真正达到了形式正义和实质正义的统一，它才能够作为新的冲突法
范式而完整地确立起来。就此而论，国际私法界的法学共同体还需做出更多
的努力。

第三节　衡平范式：普遍主义与特殊主义的统一

如果说，形式正义和实质正义是任何一种法律体系都必然包含的矛盾，
那么"特殊主义—国家主义"与"普遍主义—国际主义"的矛盾则是国际私
法本身所特有的矛盾。这个矛盾构成了冲突法范式的原则立场，决定了一种
冲突法范式的基本性质。本书在总体上之所以把特殊主义和普遍主义作为考
察冲突法理论历史发展的基本线索，就在于冲突法理论的理论进程始终围绕
这个矛盾展开，并突出地显示出不同范式之间的"不可通约性"或"不可翻
译性"。

---

① 肖永平、任明艳：《"最密切联系原则"对传统冲突规范的突破及"硬化"处理》，《河南
司法警察职业学院学报》2003 年 9 月。

一、特殊主义和普遍主义的理论辨析

冲突法是解决不同国家或地区之间民商事法律冲突问题的法律规范或法律制度，因而它总是处在有着不同法律系统的地区或国家之间，涉外案件的审理总是要考虑到外地或外国法律的适用问题。这样，在如何看待外地或外国的法律在域内的适用或者本地或本国的法律在域外的适用，是把冲突法理解为内国法的一部分，而是将其理解为具有独立存在价值的规则体系，是立足在民族国家或地方的立场上把维护某地或某国的特殊利益看成是解决涉外纠纷的最高目的，还是站在国际社会的立场上把维护国际公正和国际交往的普遍利益为最高目的这样一系列问题上就会发展出两种相互对立的冲突法观念。一种是"特殊主义—国家主义（也包括地方主义）"，一种是"普遍主义—国际主义"。前者以民族国家或地方为本位，把冲突法理解为内国法的一部分，或者否认外地或外国法在其域内的适用，或者将外国法在域内的适用看成是偶然的或例外的情况，并在涉外案件的审理中追求维护和扩大本地或本国的利益；后者则以国际社会为本位，把冲突法理解为具有独立存在价值和普遍适用性的规则体系，主张平等地看待各国法律的适用，并在涉外案件的审理中追求国际公正和国际交往的普遍利益。

需要指出的是，特殊主义和普遍主义的矛盾与前文分析的形式正义和实质正义关系密切，但也不是一一对应。国内不少冲突法方面的论作，往往在观点上和行文中把普遍主义归结为形式正义，把特殊主义归结为实质正义，这是不准确的。一般说来，任何一种法学范式，不管是特殊主义的还是普遍主义的，除极少数极端者外，都具有对形式正义和实质正义的要求，只不过对二者的权重有所不同。

从冲突法的历史发展过程上看，最先产生的冲突法范式是以巴托鲁斯"法则区别说"为主导的特殊主义范式。关于这一点，本书在第二章已经做出了论证。在这里，本书再次强调，巴托鲁斯范式之所以是一种特殊主义冲突法范式，主要不在于它通过法则区分把外国法的适用限制在一定范围内，而在于这个范式在实质上是站在民族国家的立场上维护民族国家的利益和法律效力，这完全符合当时意大利各城市国家摆脱罗马帝国统治争取自治权力的要求。否则，这个范式就不可能为其他城市国家法学共同体所接受。当然，这个范式在法则区分的基础上承认部分外国法则在域内的效力，并主张平等地看待外国法律的适用，这使得这个最初的冲突法范式具有了形式上的普遍主义特征。但之所以如此，一是因为巴托鲁斯要通过建立体现形式正义的规则体系来达到维护国家利益的目的，避免当时极端的属地主义和属人主义给国家利益带来的损害；二是因为在巴托鲁斯时代涉外纠纷并不像资本主义时代那样普遍，涉外案件的审理依然属于内国司法过程中的偶然或例外情况，平等地适用外国法律不会给内国法律秩序带来冲击。正是由于巴托鲁斯的"法则区别说"在实质上是一种特殊主义，所以该范式在其后的发展中日益走向极端的特殊主义。最典型的如胡伯的"国际礼让说"，完全否认了主权国家法律的域外效力，当然也否认了外国法的本法域内的效力，至于某一外国的法律能够在本国领域内适用，不过是出于"礼让"。

只是到了18、19世纪，随着资本主义生产方式在世界范围内的不断扩张，国际交往不断普遍化和全球化，才孕育出了实质意义上的普遍主义冲突法范式，即萨维尼的"法律关系本座说"范式。与巴托鲁斯范式相比较，萨维尼范式是自觉地站在国际社会的立场上，承认各个国家在其法律地位上是平等的，承认各个国家在国际交往中有共同利益和共同目的，从而希求在平等互惠原则的基础上建立一个"普遍的、单一的足以说明适用外国法理由的"国际私法制度，在处理各种不同实体法的矛盾时，力求做到接近统一。这样，萨维尼通过对法律关系的分类分析，为每一种法律关系确定了一个固定的、单一的连结点（即本座），以这种形式化的方法指引准据法的选择，谋求在涉外案件的审理中达到形式上的确定性、一致性和结果的可预见性。然而，在国际间民商事关系高度复杂的情况下和国家主权至上的国际环境中，萨维尼的普遍主义范式就显得过于理想化了，它所提供的机械的、僵硬的法律选择方法也的确忽视了对各国政府利益的考虑，对形式正义的片面追求使涉外案件的审理往往不能达到实质正义的目标。从这一点上看，萨维尼范式在20世纪遭到特殊主义的挑战，几乎可以说是它的命运。

20世纪美国的冲突法革命使特殊主义和普遍主义双双受到锤炼。在这场旷日持久的论战中，特殊主义倾向和普遍主义倾向犬牙交错地交织在一起。最终，柯里的"政府利益分析说"以其强有力的论证击中了萨维尼范式的要害，但同时再次把特殊主义推向极端，即把本地本国政府的利益置于最高地位，认为一国的法官不应该牺牲本国的利益来成全其他国家的利益，因而无论在何种情况下，法律选择都应最大限度地满足法院地政府的政策利益，至少不能与法院地政府的政策利益发生冲突。这种极端的特殊主义观点，理所当然地受到来自各个方面的激烈批评。

由此可见，片面的、理想化的普遍主义和片面的、极端化的特殊主义都不能很好地解决在当今经济全球化、政治多极化和文化多元化的世界格局中所发生的法律冲突问题。唯有将二者统一起来，才有可能打开冲突法发展的理论视野和实践空间，而不至于使冲突法周旋于两个极端之间不能自拔。

二、谋求普遍主义和特殊主义的统一

"最密切联系原则"的提出和在各国法学共同体中的运用，的确为统一、融合普遍主义和特殊主义提供了可能。该原则一方面充分吸收了柯里政府利益分析的合理性内容，同时又剔除了其中过分强调本地本国政府利益、强调法院地法优先的特殊主义成分，力图将灵活地选择连结点同追求冲突法的确定性、一致性和可预见性的普遍主义要求结合起来，这就可以使"最密切联系原则"能够同整个国际私法规则系统协调起来。尽管，就目前情况看，由于"最密切联系原则"本身的局限性还没有得到克服，因而它还有可能被做出特殊主义的理解和运用，但这并不等于说，"最密切联系原则"是一种特殊主义原则。进一步的发展将有可能完善以该原则为核心的规则体系，避免使之走向片面的特殊主义。当然，这也不是说，将该原则回复到传统的片面的普遍主义，而是恰恰要使该原则在克服传统普遍主义的片面性方面发挥更大的作用。其中，有关政府利益的分析依然会占有很大的比重，因为法律冲突的背后总是利益关系的对比。如果说，萨维尼范式的普遍主义是站在国际社会的立场上平等地看待各国的法律，那么它的片面性也在于忽视了政府利益的考虑，克服这种片面性的一个可能的趋向，就是站在国际社会的立场上不仅要平等地看待各国的法律地位，更要平等地看待各国的主权和政府利益。只有当"最密切联系原则"的灵活性及其赋予法官的自由裁量权能够建立在平等地看待各个主权国家的政府利益的基础上，它才能最大限度地实现普遍性与特殊性的统一。

事实上，国际私法或冲突法在总体上正是朝着这个趋向发展。在 20 世纪 60 年代，美国的冲突法革命波及欧洲，引发了欧洲大陆法系的改良主义运动。而之所以是改良运动，就是不像美国冲突法革命时期极端的特殊主义那样对欧洲传统国际私法系统采取截然对立的态度，而是继续以冲突规则为主建构国际私法法典，并吸收在美国冲突法革命中涌现出来的理论的合理因素，特别是以"最密切联系原则"为代表的积极成果。这明显地表现出普遍主义和特殊主义的融合。美国国际私法学者西蒙尼德斯（Symeonides）对此评价说："旧的冲突法规则不是被彻底摒弃，而是逐步得到改进。此外，欧洲国家对于落后规则的主要反应不是以立法取代它们，也不是在司法实践中抛弃它们。通过立法方式干预冲突法的变革是少见的，即使有也是经过了充分的辩论。司法领域对冲突法的修正是谨慎并且尊重现有规则的存在价值和功能。欧洲国家的国际私法从来没有倾向于抛弃冲突法规则而采取美国国际私法意义上的'理论'方法，即开放式系属公式。此种系属公式并不明确指定准据法，而是规定法院确定法律选择方法时应考虑的因素和指导原则。实际上，大陆法系国际私法的长处在于其认为所谓的方法与法律法典化的观念格格不入。因此，对于法典化的国际私法体系来说，由里斯教授提出的困扰美国国际私法的'规则'与'方法'之间的选择问题得到了一个简单的答案——压倒性地倾向于规则而不是'方法'。另一方面，正如几个世纪以来法典化实践所表明的那样，采用成文冲突法规则并不一定意味着必须排斥司法裁量权。相反，司法裁量权在新的国际私法立法中得到了大量的反映。理论上倾向于法律灵活性的国际私法立法者可以选择多种立法工具实现法律的灵活性，最常见的是可选择连结点（alternative connecting factors），弹性连结点（flexible connecting factors）和例外条款（escape clauses）。"[1]

不管"最密切联系原则"本身在进一步发展中将得到怎样的完善和补充，但在当今经济全球化高速发展、全球交往高度普遍化、国际交往的共同利益不断发展的境况下，以本国的政府利益为根本出发点，片面强调法院地法优先，来适用"最密切联系原则"的做法是不可能得到国际社会的普遍认同的。

---

[1] ［美］西蒙·西蒙尼德斯：《20 世纪末的国际私法——进步还是退步？》，载《民商法论丛》（第 20 卷），（中国香港）金桥文化出版有限公司 2002 年版，第 369 页。

冲突法存在的基本价值就是要使各国的利益和不同国家的当事人的合法权利得到平等的保护，这既是形式正义的要求，也是实质正义的要求。因此，普遍主义和特殊主义的统一，必然要更为坚定地站在国际社会的立场上，平等地看待各国的法律和各国的政府利益，建构既有确定性、一致性和可预见性，又有灵活性、多样性和开放性的冲突法规则体系。而不能放弃国际社会立场，重新去走特殊主义、国家主义、地方主义、属地主义的老路。

20 世纪末，在美国法学院协会（Association of American Law Schools, 简称 AALS）的主持下，美国冲突法学界开始酝酿"第三次冲突法重述"，从而引起对冲突法理论的新一轮探讨。在酝酿过程中，冲突法学者们从理论上反思了《第二次冲突法重述》数十年来在理论上和实践上的利弊得失，为"第三次重述"提出了一些新的问题，其中"第三次重述是否应该更多地考虑制定法或国际条约中的冲突规范？"这个问题无疑会涉及对普遍主义和特殊主义的重新理解。因为，建构具有国际意义的冲突规范，本身是对冲突法的确定性、稳定性和一致性的追求，但这个追求又不能与已经为法学共同体业已公认的灵活性、开放性相矛盾，而是必须在二者之间找到平衡。我国学者肖永平和王承志对此的评述是非常恰当的："美国学者第三次重述的主张是冲突规则在美国回归的体现，但这次回归不是传统冲突规则'卷土重来'，再次推翻现代法律选择方法，而是冲突规则找到自己新的定位，试图与现代法律选择方法进行融合。尽管它获得了比'冲突法革命'更多的稳定性，但同时也保留着更多的灵活性。第三次重述的成功与否，关键在于能否准确找到二者的平衡点。"[1]

---

[1] 肖永平、王承志：《第三次冲突法重述：美国学者的新尝试》，《武汉大学学报》（哲学社会科学版）2004 年第 1 期。

结　语

　　谋求形式正义和实质正义、普遍主义和特殊主义的融合或统一是当今冲突法发展的基本趋势。这个趋势在"最密切联系原则"的理论内涵和实际运作中已经十分明显地表现出来，尽管该原则还存在着一系列亟待解决的重大问题，但进一步的发展既不会重蹈传统国际私法的覆辙，也不会重新陷入特殊主义—国家主义的泥沼。为此，本书将以"最密切联系原则"为代表的冲突法理论和实践称为继巴托鲁斯范式、萨维尼范式之后的新的富有革命意义的冲突法范式——"衡平范式"。所谓"衡平"在这里，就是指内含于冲突法理论和实践中的众多相互矛盾的因素、成分之间的综合统一，也是指各种积极因素在各自起作用的范围内达到融合与平衡。从这个意义上说，"衡平范式"所包含的内容不仅仅在于形式正义和实质正义、普遍主义和特殊主义的衡平，还包括规则与方法、冲突法与实体法等一系列矛盾关系的衡平。这同时也意味着，这种"衡平范式"的最终确立，必然是一件高度复杂的过程，在各种各样的矛盾关系中，哪怕前进一小步，都要付出巨量的劳动，都可能经历各种思想倾向的反复博弈。

　　本书之所以采用库恩的范式理论来考察冲突法的历史和理论及其发展趋势，就是因为要把握冲突法理论和实践的高度复杂性就有必要建立"冲突法范式"这样一个概念，以此从整体上分析和研究冲突法理论与实践的结构性特征，分析它的概念符号、规则系统、价值倾向、思想主张、典型案例以及隐藏于深处的形而上学根源，探讨冲突法在其发展中发生革命性变化的原因、过程和基本特征，以便为判断冲突法的发展趋势和发展路径提供更为科学的根据。自 20 世纪 70 年代，"最密切联系原则"提出并付诸法律实践以来，

40 余年间，国内外有关该原则的讨论可谓汗牛充栋，各方面的讨论几乎深入到所有细节问题，但由于缺乏整体意义上的关照，或者说缺乏一种来自范式的考量，因而在很大程度上呈现出离散性的特征。特别是由于该原则目前尚存在着诸多局限性或缺陷，易于受到褒贬不一的分析和评价，从而使该原则一方面得到了世界各国的普遍认同，另一方面却又使它所具有的革命性变得模糊不清。因此，我们有必要将其放到范式理论中对其做出更为完整的分析和评价，只有这样才有可能使这个原则得到科学的诊断，并把握住冲突法进一步发展的脉搏。

　　把冲突法的理论和实践放到范式理论中予以考察，还需要我们特别注重"法学共同体"这样一个概念。这个理论在以往的冲突法研究中，几乎无人提及。然而，正如本书所指出的那样，在冲突法领域，法学共同体比科学共同体更具有共同体的特征。冲突法的理论和冲突法的司法实践是紧密联系在一起的，而冲突法的司法实践必然关涉到法治社会的秩序要求，从而一种冲突法理论能够在包含学者、法官在内的法学共同体中成为普遍的共识，才有可能作为一种共同遵守的范式而存在。一种新的理论，如果不能得到法学共同体的普遍认同，不能成为司法实践的原则和方法，那么无论在内容上多么新颖，都不可能具有范式的意义。巴托鲁斯的"法则区别说"、萨维尼的"法律关系本座说"和现今的"最密切联系原则"之所以可以被称作具有代表性的、具有时代性特征的冲突法范式，不仅在于它们的理论内涵新颖独特，更在于它们面对各自时代的冲突法问题，系统地提出了能够被法学共同体普遍接受的主张，从而成为各自时代法学共同体的共同财富。忽视法学共同体的存在，无从理解冲突法理论与实践在现实中的发展；同理，如果缺乏完整的、健全的法学共同体，也很难产生具有范式意义的冲突法理论。

　　尽管意识到范式理论于冲突法研究的重要性，但本书所做的工作是相当初步的。有很多问题，如典型案例的分析、各个历史时期法学共同体的作用等，都没有得到足够的阐释。这一方面是由于资料的收集存在着不少困难，更重要的是笔者的学术功力尚需不断提高。此外，这是一项必须通过众多学者的共同努力才能完成的任务，本书只希望能为这一艰苦浩繁的工作添上一砖一石。

主要参考文献

中文专著

[1] 韩德培:《国际私法新论》,武汉大学出版社 2005 年版。

[2] 韩德培、韩健:《美国国际私法(冲突法)导论》,法律出版社 1994 年版。

[3] 肖永平:《冲突法专论》,武汉大学出版社 1999 年版。

[4] 肖永平:《中国冲突法立法问题研究》,武汉大学出版社 1996 年版。

[5] 肖永平:《欧盟统一国际私法研究(欧洲问题研究丛书)》,武汉大学出版社 2002 年版。

[6] 肖永平:《肖永平论冲突法》,武汉大学出版社 2002 年版。

[7] 李双元:《国际私法(冲突法篇)》,武汉大学出版社 1987 年版。

[8] 梅仲协:《国际私法新论》,(中国台湾)台北三民书局 1982 年版。

[9] 赵相林:《国际私法》,中国政法大学出版社 2000 年版。

[10] 邓正来:《美国现代国际私法流派》,中国政法大学出版社 2006 年版。

[11] 徐大同:《西方政治思想史》(第二卷),天津人民出版社 2006 年版。

[12] 徐冬根:《国际私法趋势论》,北京大学出版社 2005 年版。

[13] 蒋新苗:《国际私法本体论》,法律出版社 2005 年版。

[14] 马汉宝:《国际私法总论》,台北汉林出版公司 1982 年版。

[15] 李双元等:《中国国际私法通论》,法律出版社 2003 年版。

[16] 徐文超、储敏:《国际私法要论》,知识产权出版社 2004 年版。

[17] 张潇剑:《国际私法学》,北京大学出版社 2000 年版。

[18] 沈宗灵:《比较法总论》,北京大学出版社 1987 年版。

[19] 刘俊文校点:《唐律疏议》,法律出版社 1999 年版。

[20] 蒲坚:《中国古代法制丛钞》(第二卷),光明日报出版社 2001 年版。

[21] 赵万里:《科学的社会建构》,天津人民出版社 2002 年版。

[22] 李醒民:《科学的革命》,中国青年出版社 1987 年版。

[23] 宋则行、樊元:《世界经济史》,经济科学出版社 1994 年版。

[24]《马克思恩格斯选集》第 3 卷,人民出版社 1972 年版。

[25]《法哲学与法社会学论丛》(二),中国政法大学出版社 2000 年版。

中文译著

[1] [美] 托马斯·库恩:《科学革命的结构》,金吾伦、胡新和译,北京大学出版社 2003 年版。

[2] [美] 罗宾·保罗·麦乐怡:《法与经济学》,孙潮译,浙江人民出版社 1999 年版。

[3] [德] 卡尔·拉伦茨:《法学方法论》,陈爱娥译,商务印书馆 2003 年版。

[4] [美] 托马斯·库恩:《必要的张力》,范岱年、纪树立译,北京大学出版社 2004 年版。

[5] [美] 小摩里斯·李克特:《科学是一种文化过程》,顾昕、张小天译,生活·读书·新知三联书店 1989 年版。

[6] [英] 拉卡托斯:《批判与知识的增长》,周寄中译,华夏出版社 1987 年版。

[7] [德] 马丁·沃尔夫:《国际私法》,李浩培、汤宗舜译,法律出版社 1988 年版。

[8] [美] N.格里高利·曼昆:《经济学原理》,梁小民等译,北京大学出版社 1999 年版。

[9] [德] 萨维尼:《现代罗马法体系》(第 8 卷),李双元等译,法律出版社 1999 年版。

[10] [爱尔兰] 约翰·莫里斯·凯利:《西方法律思想简史》,王笑红译,法律出版社 2002 年版。

[11] [美] 罗斯科·庞德:《通过法律的社会控制——法律的任务》,沈宗灵译,商务印书馆 1984 年版。

[12] [德] 格哈德·克格尔:《冲突法的危机》,萧凯、邹国勇译,武汉大学出版社 2008 年版。

[13] [法] 巴蒂福尔、[法] 拉加德:《国际私法总论》,陈洪武等译,中国对外翻译出版公司 1989 年版。

[14] [古希腊] 亚里士多德:《政治学》,颜一、秦典华译,中国人民大学出版社 2003 年版。

中文期刊论文

[1] 肖永平、李建忠:《西欧中世纪中期的法律适用问题探微》,《河南省政法管理干部学院学报》2008 年第 1 期。

[2] 肖永平、任明艳:《"最密切联系原则"对传统冲突规范的突破及"硬化"处理》,《河南司法警官职业学院学报》2003 年第 3 期。

[3] 肖永平、王承志:《第三次冲突法重述:美国学者的新尝试》,《武汉大学学报》2004 年第 1 期。

[4] 徐伟功:《论冲突法的研究范式——法经济学范式的确立》,《河南师范大学学报》(哲学社会科学版)2007 年第 5 期。

[5] 冯玉军:《法经济学范式的知识基础研究》,《中国人民大学学报》2005 年第 4 期。

[6] 孔令杰:《波斯纳的比较管理优势说——兼论冲突法与自由贸易》,《时代法学》2006 年第 4 期。

[7] 王国语:《承认外国法律效力的成本收益分析之批判——兼与〈冲突法的经济分析〉作者孔令杰商榷》,《法制与社会》2008 年第 2 期。

[8] 周琳:《对"最密切联系原则"的法经济学分析——兼评我国〈民法典〉草案第九编中关于"最密切联系原则"的规定》,《北京市政法管理干部学院学报》2004 年第 1 期。

[9] 孔令杰:《波斯纳的比较管理优势说——兼论冲突法与自由贸易》,《时代法学》2006 年第 4 期。

[10] 何兵:《库恩后期科学哲学思想研究——语言转向及其认知根源》,复旦大学博士学位论文,2006 年。

[11] 魏建:《当代西方法经济学的分析范式研究》,西北大学博士学位论文,2001 年。

[12] 王国语:《承认外国法律效力问题的经济学分析——国际私法经济分析的综合范式》,吉林大学博士学位论文,2008 年。

[13] 吕岩峰、朱莉:《国际私法与经济分析:综述与评析》,《社会科学战线》2007 年第 2 期。

[14] 朱莉:《国际私法的经济分析》,吉林大学博士学位论文,2007 年。

[15] 孔令杰:《冲突法的经济分析》,武汉大学硕士学位论文,2005 年。

[16] 朱彦明:《布尔迪厄对库恩"范式"思想的批判》,《科学技术与辩证法》2008 年第 4 期。

[17] 郑辰坤:《库恩"范式"理论在社会问题研究中的应用》,广西大学硕士学位论文,2006 年。

[18] 舒国 :《寻访法学的问题立场》,《法学研究》2005 年第 3 期。

[19] 金吾伦:《托玛斯·库恩的理论转向》,《自然辩证法通讯》1991 年第 1 期。

[20] 马俊驹、陈本寒:《罗马法契约自由思想的形成及对后世法律的影响》,《武汉大学学报》(社会科学版)1995 年第 1 期。

[21] 黄希韦:《巴托鲁斯冲突法思想考量》,中国政法大学硕士学位论文,2009 年。

[22] 张春良:《法则区别说之光与历史之境——我与巴托鲁斯七百年》,《中国国际

私法学年会论文集》2007 年。

　　[23] 苏威：《简论十七世纪荷兰成为世界经济强国的原因》，《北京商学院学报》（社会科学版）2000 年第 6 期。

　　[24] 许洁：《荷兰国际私法发展史研究》，大连海事大学硕士学位论文，2004 年。

　　[25] 马德才：《论萨维尼的"法律关系本座说"在国际私法发展史上的影响》，《甘肃政法学院学报》2001 年第 3 期。

　　[26] 袁雪：《法律选择理论研究》，吉林大学博士学位论文，2006 年。

英文专著

　　[1] Richard A. Posner, *Economic Analysis of Law*, (5th ed.), N.Y.: Aspen Law & Business, 1998.

　　[2] Michael J. Whincop and Mary Keyes, *Policy and Pragmatism in the Conflict of Laws*, Ashgate Publishing Com., 2001.

　　[3] O. Kahn-Freund, *General Problems of Private International Law*, Leyden: Sijthoff, 1976.

　　[4] Thomas Kuhn, *The Road Since Structure, Philosophical Essays, 1970-1993, with an Autobiographical Interview*, Chicago and, London: the University of Chicago Press, 2000.

　　[5] Steve Fuller, *Thomas Kuhn, A Philosophical History For Our Times*, Chicago: The University of Chicago Press, 2000.

　　[6] Michael Polanyi, *The Logic of Liberty: the Reflections and Rejoinders*, Routledge and Kegan Paul Ltd., 1951.

　　[7] Clive M. Schmitthoff, *A Textbook of the English Conflict of Laws*, Sir Isaac Pitman & Sons Ltd., 1945.

　　[8] Friedrich K. Juenger, *Choice of Law and Multistate Justice*, Dordrecht: Martinus Nijhoff Publishers, 1993.

　　[9] Bartolus, *Bartolus on the Conflict of Laws*, Translated by Joseph Henry Beale, Cambridge: Harvard University Press, 1914.

　　[10] Luigi Miraglia, *Comarative Legal Philosophy Applied to Legal institutions*, New York: Augustus M. Kelley, 1968.

　　[11] Zweigert & Hein Kotz, *Introduction to Comparative Law*, Clarendon Press, 3rd ed, 1998.

　　[12] The American Law Institute, *Restatement of the Law of Conflict of Laws*, St. Paul:

American Law Institute Publishers, 1934.

[13] Joseph H. Beale, *A Treatise on the Conflict of Laws*, New York: Baker, Voorhis & Co., 1935.

[14] Joseph H. Beale, *A Selection of Cases on the Conflict of Laws*, Cambridge: Harvard University Press, 1928.

[15] Brainerd Currie, *Selected Essays on the Conflict of Laws*, Duke University Press, 1963.

[16] Symeon C. Symeonides, *Private International Law at the End of the 20th Century: Progress or Regress?*, Kluwer Law International, 2000.

[17] Ehrenzweig, *A Treatise on the Conflict of Laws*, St. Paul: West Pub. Co., 1962.

[18] G. Aichele, *Legal Realism and Twentieth-century American Jurisprudence: the changing consensus*, New York: Garland Publishing, Inc., 1990.

[19] J. Frank, *Law and the Modern Mind*, New York: Brentano's Publishers, 1930.

[20] D. Cavers, *The Choice of Law, Selected Essays, 1933-1983*, Durham: Duke University Press, 1985.

[21] L. Brilmayer, Conflict of Laws, *Foundations and Future Directions*, Little, Brown and Company, 1991.

英文期刊论文

[1] William F. Baxter, "Choice of Law and the Federal System", *16 Stan. L. Rev.* 1 (1963).

[2] Richard A. Posner, "Introduction to Baxter Symposium", *51 Stan. L. Rev.* 1007 (1999).

[3] Michael E. Solimine, "An Economic and Empirical Analysis of Choice of Law", *24 Ga. L. Rev.* 49 (1989).

[4] Andrew Guzman, "Choice of Law: New Foundations", *90 Geo. L. J.* 883 (2002).

[5] Gurol Irzik, "Teo Griinberg, Whorfian Variations on Kantian Themes: Kuhn's Linguistic Turn", *Study of History of Philosophy of Science*, Vol.29, No.2 (1998).

[6] Vischer, "General Course on Private International Law", *232 Recueil des cours* 9, (1992).

[7] O.Lando, "The Conflict of Laws of Contracts", *Recueil des cours*, vol. 189 (1984).

[8] Kegel, "The Crisis of Conflict of Laws", *112 Recueil des Cours 91*, (1964).

[9] Bernard Audit, "A Continental Lawyer Looks at Contemporary American Choice-of-

Law Principles", *27 Am. J. Comp.* L., (1979).

[10] Arthur Taylor von Mehren, "Comments", *27 Am. J. Comp.* L., (1979).

[11] Friedrich K. Juenger, "Comments", *27 Am. J. Comp.* L., (1979).

[12] "Alaska Packers Association v. Industrial Accident Commission of California", *294 U.S.* 532 (1935).

[13] Freund, "Chief Justice Stone and the Conflict of Laws", *59 Harv. L. Rev.*, (1946).

[14] "Milliken v. Pratt", *125 Mass. 374*, (1878).

[15] Brainerd Currie, "The Disinterested Third State", *28 Law & Cont. Prob.* (1963).

[16] Babcock v. Jackson, 12 N. Y. 2d 473, 191 N. E. 2d 279, 240 N. Y. S. 2d 743 (1963).

[17] Neumeier v. Kuchner, 31 N. Y. 2d 121 (1972).

[18] Cook, "The Logical and Legal Bases of the Conflict of Laws", (1949).

[19] Ehrenzweig, "the Lex Fori----Basic Rule in the Conflict of Laws", *58 Mich. L. Rev.*, (1960).

[20] H. Kay, "Ehrenzweig's Proper Law and Proper Forum", *18 Okla. L. Rev.*, (1965).

[21] M. Green, "Legal Realism, Lex Fori, and the Choice-of-Law Revolution", *104 Yale L.J.* (1994-1995).

[22] W. Prosser, "Interstate Publication", *51 Mich. L. Rev.*, (1952-1953).

[23] O. Holmes, "The Path of the Law", *1 Boston L. School Mag.*, (1896-1897).

[24] W. Cook, "Scientific Method and the Law", *13 A.B.A. J.*, (1927).

[25] T. Arnold, "The Role of Substantive Law and Procedure in the Legal Process", *45 Harv. L.Rev.*, (1931-1932).

[26] E. Lorenzen & R. Heilman, "The Restatement of the Conflict of Laws", *83 U. Pa. L. Rev.*, (1934-1935).

[27] J. Beale, "Dicey's 'Conflict of Law'", *10 Harv. L. Rev.*, (1896-1897).

[28] H. Yntema, "The Historic Bases of Private International Law", *2 Am. J. Comp. L.* (1953).

[29] F. Sloovere, "On Looking into Mr. Beale's Conflict of Laws", *13 N. Y. U. L. Q. Rev.* (1935-1936).

[30] K. Siehr, "Revolution and Evolution in Conflicts Law", *60 La. L. Rev.,* (1999-2000).

[31] R. Leflar, "Choice-influencing Considerations in Conflicts Law", *41 N. Y. U. Law Rev.,* (1966).

[32] H. Yntema, "The Restatement of the Law of Conflict of Laws", *36 Colum. L. Rev.*, (1936).

[33] D. Cavers, "Contemporary Conflicts Law in American Perspective", *131 Recueil des*

Cours, (1970) .

[34] R. de Nova, "Historical and Comparative Introduction to Conflict of Laws", *118 Recueil des Cours*, (1966) .

[35] L. Brilmayer, "Interest Analysis and the Myth of Legislative Intent", *78 Mich. L. Rev.,* (1979-1980) .

[36] D. Cavers, "A Correspondence with Brainerd Currie, 1957-1958", *34 Mercer L. Rev.,* (1982-1983) .

[37] H. Key, "A Defence of Currie' s Governmental Interest Analysis", *215 Recueil des Cours* (1989) .

[38] W. Reese, "Choice of Law in the United States: The Past, the Present and Some Prophecies for the Future", *in Law in the United States of America in Social and Technological Revolution*, Brussels: Etablissements Emile Bruylant, (1974) .

[39] A. Ehrenzweig, "The 'Most Significant Relationship' in the Conflicts Law of Torts", *Law and Reason versus the Restatement Second*, 28 Law & Contemp. Probs., (1963) .

策划编辑：曹　歌
装帧设计：王春峥

图书在版编目（CIP）数据

冲突法理论的范式研究／阎愚　著 . —北京：人民出版社，2018.12
ISBN 978－7－01－016533－2

I. ①冲…　II. ①阎…　III. ①冲突法－研究　IV. ① D997

中国版本图书馆 CIP 数据核字（2016）第 174805 号

冲突法理论的范式研究
CHONGTUFA LILUN DE FANSHI YANJIU

阎愚　著

人 民 出 版 社 出版发行
（100706　北京市东城区隆福寺街 99 号）

天津文林印务有限公司印刷　新华书店经销

2018 年 12 月第 1 版　2018 年 12 月北京第 1 次印刷
开本：710 毫米 × 1000 毫米 1/16
字数：182 千字　印张：11.5

ISBN 978－7－01－016533－2　定价：40.00 元

邮购地址 100706　北京市东城区隆福寺街 99 号
人民东方图书销售中心　电话（010）65250042　65289539